Profecía Bitcoin

ARIEL A. AGUILAR

Para futuras referencias, el precio inicial de este libro en junio de 2024 era de 25€ ó 46.275 satoshis.

Todos los derechos reservados. Ninguna parte de esta publicación puede ser reproducida, distribuida o transmitida de ninguna forma ni por ningún medio, incluyendo fotocopiado, grabación u otros métodos electrónicos o mecánicos, sin el permiso previo por escrito del editor, excepto en el caso de citas breves incluidas en reseñas críticas y ciertos otros usos no comerciales permitidos por la ley de derechos de autor.

La información contenida en este libro es solo para fines informativos. El autor y el editor han hecho todo lo posible para asegurar la precisión y exhaustividad de la información proporcionada; sin embargo, no asumen responsabilidad alguna por errores, inexactitudes, omisiones o cualquier resultado relacionado con la aplicación de los contenidos. Este libro no pretende ofrecer asesoramiento profesional, ya sea médico, legal, financiero u otro. Los lectores deben consultar con profesionales adecuados para cualquier asunto que requiera dicha atención. El autor y el editor declinan cualquier responsabilidad, pérdida o riesgo incurrido como resultado de la aplicación de cualquier contenido aquí contenido.

Para solicitudes de permiso, por favor, contacte al autor mediante mensaje directo en X (anteriormente conocido como Twitter) @arielaguilar

Si deseas saber más sobre Bitcoin visita:

www.arielaguilar.com

Copyright © 2024 Ariel A. Aguilar

ISBN 979-834-24-2260-4 (Tapa Rústica)
ISBN 979-834-28-2238-1 (Tapa Dura)

Imagen de la portada por *Leoraam*
Diseño del libro por *Leoraam*

Primera edición impresa 2024

A mi padre Alberto,

que inspiró en mí el amor por la libertad.

Contenido

Prefacio: Este es un libro inspirador   xi

SECCIÓN UNO
Argentina

El nacimiento de Argentina	3
Los primeros golpes militares y el banco central	5
El general Perón y Evita	6
Evita me ama, y yo amo a Evita	7
Un desastre monetario perpetuo	8
Trece ceros eliminados de la moneda	8
Golpes militares y peronismo - El inicio del declive	17
"Tenemos que vivir con lo nuestro"	19
La obsesión de Argentina con el dólar estadounidense	19
El Presidente Raúl Alfonsín	20
Los años 90 - 'La fiesta Menemista'	21
El lado negativo de los años 90	22
Las leyes laborales	23
El 'Monotributo'	23
El Presidente De La Rua	24
El riesgo país	25
El papel del FMI	25
2001, El 'Corralito'	26
Arbolitos y cuevas	27
'Corralón', saqueos, disturbios y el chino llorando	27

El toque de queda y el cacerolazo	28
La huida en helicóptero	29
Cinco presidentes diferentes en dos semanas y el congreso celebrando el default	29
"Quien depositó dólares recibirá dólares, Quien deposite pesos recibirá pesos"	30
La pesificación asimétrica	31
El regreso de la inflación: El impuesto no legislado	32
El INDEC miente	33
Los 'fondos buitre' o simplemente fondos soberanos de alto riesgo	34
Néstor Kirchner, el presidente que ganó con el 22% de los votos y no pudo dar cuenta del paradero de 500 millones de dólares de su provincia	36
Cepo cambiario	37
El dolar blue	39
La caza del gato y el ratón - El rulo	39
El Presidente Macri	40
Cómo robar mil millones de dólares	41
El regreso de los kirchneristas	42
El impuesto de 'solidario'	42
Cómo la inflación te roba a través del impuesto a la renta	43
¿Cómo puedes aguantar esto?	44
El Partido Liberal Libertario	44
El Presidente Javier Milei - Una nueva esperanza para Argentina	45
El Preámbulo	47
Bitcoin en Argentina	48

SECCIÓN DOS

¿Qué es Bitcoin?

Bitcoin	51
Preguntas frecuentes	51
El mundo no tuvo libertad monetaria hasta Satoshi Nakamoto	54
Bitcoin está respaldado por las leyes de la física y las matemáticas	55
¿Qué es una función hash y por qué es crucial para entender bitcoin?	55
Tus bitcoins son sólo un secreto - Explicación de la criptografía de clave pública y privada	58
Si tienes BTC en una dirección y pierdes tu clave privada, pierdes el acceso a tu BTC, PARA SIEMPRE	59
¿Qué es la minería?	60
Blockchains & Blockchains	61
Un experimento: nuestra propia cadena de bloques de bitcoin falsa	64
La verdad en la blockchain de bitcoin	65
La alineación de incentivos o cómo se construye bitcoin para los enemigos	66
La inmaculada concepción de Bitcoin	66
Bitcoin es lento a propósito	67
Las 'block size wars'	67
Forks', duros y blandos	69
¿Cuán inmutable es el código bitcoin?	70
¿Y si surgen los ordenadores cuánticos?	71
La blockchain de Bitcoin como el libro de contabilidad más inmutable jamás creado para la humanidad	73

Una emisión conocida y previsible y una minería por interés propio	74
La carrera del Hash	76
Red Lightning	77
Payment channels	77
Volver a la Red Lightning	79
Qué permite la Lightning Network	82
La potencia de hashing es la única ventaja propietaria	83
Auto custodia	83
La tentación de crear tu propio dinero	84
La verdadera razón por la que se impulsa la prueba de participación	86
Por qué la prueba de participación es un mecanismo de consenso menor	87
'Proof of stake' es fiat - La herramienta más perfecta jamás ideada para estafar a la gente	90
Cripto Fashions	91
Por qué la palabra 'blockchain' es un término bastardo	93
Hacer Ethereum inmutable	94
Por qué Bitcoin y no cripto	97
SEC, por favor, no prohíba las criptomonedas: cambiemos la cultura	98
Stablecoins - Shitcoins a corto plazo	98

SECCIÓN TRES
Política, economía y filosofía

Historia del dinero	101
Financiación del Gobierno	107
Patriarcado y monarquía	109
Por qué el mundo es anárquico	111
Un gobierno mundial	111
Los actuales reales propietarios	112
Fiat es robo	113
Nominal vs real	113
La naturaleza FIAT de la guerra	114
La inflación es el peor crimen contra la humanidad y la civilización	115
Los ladrones son socialistas, los socialistas son ladrones	116
La verdadera razón por la que los políticos presionan para regular la economía	117
La verdadera razón de ser de los bancos centrales	118
Toda ley gubernamental tiene detrás la punta de una pistola	119
Una sociedad libre y abierta	121
Qué es la economía - Nuestro tiempo finito en la tierra	121
Economía austriaca	124
El precio de mercado es una síntesis del conocimiento y las preferencias humanas	125
La economía es fractal	125
El mecanismo de mercado como una entidad informática	127
El IVA y el impuesto sobre la renta son variantes de lo mismo	128
CBDC - Banca central con esteroides	129
Las CBDC son peronismo	130

SECCIÓN CUATRO
El futuro de Bitcoin

Bitcoin ha declarado jaque mate al fiat	132
Escenario Z - Bitcoin enseña a los gobiernos a comportarse como Bitcoin	137
Para estabilizar artificialmente los precios alguien tiene que robar el aumento de productividad	138
El FIAT Uno	139
Acepte la volatilidad, no hay forma de evitarla	140
El momento en que podamos empezar a fijar precios en satoshis	141
Va a subir para siempre Laura, para siempre	142
Infinito / 21M —> 0	142
Tu parte finita de BTC te compra el infinito a través del tiempo	143
Una donación a la humanidad	144
El agujero naranja	144
Ganadores y perdedores de la futura economía	145
La mayor amenaza para Bitcoin	146
Bitcoin es inversión ética - Por qué no deberías *shitcoinear*	147
Bitcoin y el feminismo	148
Consumo energético y esclavitud	149
Por qué debemos consumir tanta energía como sea posible	150
Por qué muchas personas minarán bitcoin en un futuro de bitcoin	151
¿Y si la mayor parte del valor de la humanidad se almacena en el reino digital del bitcoin	152
Bitcoin es el mejor mecanismo de defensa de la propiedad privada	153
Abundancia a través de la escasez	154
Distribución de Bitcoin	155

HiperDeflación o la multiplicación del tiempo	158
El voto que más cuenta es el que haces con tus sats	159
Por qué la IA elegirá bitcoin	160
Por qué el bitcoin mediará por la paz entre la Inteligencia Artificial y los humanos	161
Un mundo más pacífico - El principio de no agresión	162
La primera máquina infinita	163
Tu bitcoin como parte de la economía mundial	163
Las monedas digitales de los bancos centrales, el sueño de los totalitarios	164
¿Puede funcionar una economía deflacionista?	166
Bitcoin traerá un consumo más racional	168
El incentivo para trabajar no se pierde	169
La calidad de tu dinero da forma a quién eres	169
Despierta Neo	171
Los sats fluirán donde mejor se les trate: La predicción de un mundo diversificado	172
Todos somos especuladores, todos somos discriminadores	173
¿Ya ha partido el tren de la estación?	174

SECCIÓN CINCO

Lo Espiritual

¿Es místico Bitcoin?	176
Se necesita un cierto nivel de conciencia para comprender bitcoin	176
¿Debemos contar los años desde el bloque génesis? El significado de Satoshi	177
Por qué el bitcoin redefine lo que significa estar vivo	178
Cómo afecta bitcoin al amor y a las familias	179
Bitcoin está creado para esta realidad	180
Bitcoin es Halal - Bitcoin es Kosher	181
¿Es Bitcoin una nueva religión?	182
Bitcoin es una creación de conciencia superior	183
La importancia del propósito de vida y la autoestima	183
Profecía Bitcoin	184
Bitcoin es la singularidad	185
El Decálogo	186

Acerca del autor	187
Un hombre en busca de Bitcoin	187
Los viajes de Bitcoineta en UE	188
La llamada a evangelizar	190
Agradecimientos	192
Lectura recomendada	193
Créditos de las imágenes	194

Prefacio

Este libro es verdaderamente inspirador y ofrece un poco de todo: puede incomodar a algunos, pero también tiene el poder de motivar. Proporciona una guía clara y sencilla para entender la compleja historia económica de Argentina, el concepto de Bitcoin, sus principios, su funcionamiento y el impacto que va a tener en nuestras vidas.

Voy a abordar temas de economía, política, filosofía, historia, religión, criptografía, teoría de juegos, lo racional y lo místico.

El libro está dividido en cinco secciones:

- **Argentina**

- **Qué es Bitcoin**

- **Dinero, política y economía**

- **El futuro de Bitcoin**

- **Lo Espiritual**

Te preguntarás: ¿Qué tiene que ver la historia de Argentina con Bitcoin? He decidido incluir lo que he experimentado y aprendido personalmente sobre el pasado de mi país, después de ver las expresiones de incredulidad en los rostros de los extranjeros cuando les cuento nuestra historia. No pueden creer lo que están escuchando. Argentina refleja un patrón que se repite a lo largo de la historia mundial, encarnando el arquetipo de surgir de la nada, escalar a las cimas de la prominencia global, solo para caer en las profundidades de la desesperación, y luego resurgir de nuevo. Es un viaje cíclico, lleno de altibajos, que ofrece profundos conocimientos económicos para quienes estén dispuestos a aprender de su tumultuoso pasado y sus valiosas lecciones.

Te preguntarás, ¿por qué Bitcoin? ¿Cómo resuelve mis problemas económicos y los de la economía mundial? ¿No es una tecnología antigua que será reemplazada por nuevas blockchains? 'Bitcoin es demasiado complicado, nunca lo entenderé'.

En este libro, aprenderás los principios fundamentales de Bitcoin de una manera fácil de entender y descubrirás cómo Bitcoin es revolucionario y encaja en el panorama más amplio de la futura economía mundial. También aprenderás a interpretar las señales económicas para ver si tu país está haciendo 'cosas de Argentina' y cómo nosotros, los argentinos, logramos sobrevivir y sortear esas situaciones. Descubrirás por qué necesitas empezar a ahorrar en Bitcoin hoy, cómo afectará el curso de tu vida y la de tus seres queridos y por qué es crucial.

Finalmente, espero que este libro despierte nuevas ideas y una comprensión más profunda en ti.

¡Disfrútalo!

Ariel A. Aguilar

Agosto 2024

1. Argentina

Argentina, la tierra de la plata.

Oh, mi hermoso país.

1.1 EL NACIMIENTO DE ARGENTINA

Desde la llegada de los primeros conquistadores a esta hermosa tierra, han abundado las historias sobre un río de plata (Río de la Plata) que prometía fortunas incalculables a quienes se aventuraran adentrarse en él. Así como había exploradores buscando **El Dorado** en el norte, también había adelantados en busca de una **tierra de abundancia de plata** en el sur.

Al principio, mi país era muy desolado, salvaje y pobre. Declaramos nuestra independencia de la corona española en 1816, y el caos se desató durante los años siguientes. Se libraron guerras entre Unitarios y Federales, representando una lucha sobre el grado de centralización o descentralización que Argentina debería tener. Las poblaciones nativas y los "bárbaros" saqueaban el interior, mientras que más del 90% de la población permanecía analfabeta, incapaz de leer o escribir.

Afortunadamente para Argentina, fuimos bendecidos con una generación de hombres intelectuales sobresalientes conocidos como la **Generación del '37**, que redactaron la Constitución nacional liberal adoptada en 1853. Liderada por Juan Bautista Alberdi, un defensor del libre mercado, fue basada en la Constitución de California de 1849 que fue una de las primeras en el mundo declarando el derecho a la propiedad privada como un derecho humano inalienable. También declaró que todos los extranjeros tenían los mismos derechos que los ciudadanos, y el preámbulo de la constitución dice: ..."*promover el bienestar general, y asegurar los beneficios de la libertad, para nosotros, para nuestra posteridad, y para todos los hombres del mundo que quieran habitar en el suelo argentino*"... abriendo así sus puertas a quienes quisieran ser hombres libres y habitar su tierra.

Desde sus orígenes como una nación caracterizada por el analfabetismo generalizado, la percepción de salvajismo y la pobreza extrema, Argentina, junto con Estados Unidos, se convirtió en un faro de libertad y esperanza, atrayendo a millones de personas de Europa. Para 1880, Argentina estaba en camino de convertirse en una superpotencia mundial, con los británicos invirtiendo fuertemente en la construcción de una extensa red ferroviaria territorial, creando uno de los sistemas más amplios de su tiempo para conectar todas las regiones del octavo país más extenso del mundo. Argentina se convirtió en uno de los mayores productores de carne, con el consumo de carne vacuna per cápita más alto del planeta. Para 1910, Argentina había ascendido a convertirse en una de las siete principales economías del mundo, incluso en medio de la llegada de millones de inmigrantes europeos empobrecidos en busca de refugio de sus países de origen. Aplicando el capitalismo y un estado muy pequeño, con una baja imposición fiscal, el país en ciernes había logrado avances significativos no solo en términos económicos, sino también en diversos campos como la literatura, la ciencia y la diplomacia. La frase *'tan rico como un argentino'* se convirtió en parte del lenguaje mundial, implicando que difícilmente se podría ser tan rico como un argentino. Alrededor de las extensas tierras, se construyeron palacios, mansiones y grandes fincas de campo llamadas Estancias. Con una estética claramente europea, estaciones de tren inglesas y edificios al estilo de París, monumentos y parques diseñados por paisajistas, Argentina aún nos recuerda hoy la grandeza que alcanzó en su apogeo.

Lamentablemente, para el detrimento de Argentina, estos grupos de inmigrantes trajeron consigo las ideas socialistas, comunistas y anarquista-comunistas populares en Europa. Estas ideas eran contrarias a los principios del mercado libre de los redactores de la constitución. Gradualmente, estas ideas se infiltraron en la cultura, los medios, el sistema educativo y el gobierno. Los ideales del mercado libre de la constitución original fueron abandonados en favor de las nuevas ideas "democráticas" y populistas de derechos sociales.

Dado que Argentina ofrece educación "gratuita" (financiada por la inflación y los contribuyentes) en los niveles de primaria, secundaria, universidad y posgrado, cualquier residente o extranjero puede estudiar en Argentina sin pagar matrícula, incluso en la actualidad. Pero hay una trampa: el estado se asegura de adoctrinar a la población con ideales socialistas. Los estudiantes aspirantes en la Universidad de Buenos Aires deben pasar por un año introductorio basado en la propaganda, donde el estado es venerado como el salvador y el capitalismo y los empresarios son demonizados. En este sentido, la mayor parte del país está sincronizado con estas ideas, ya que las escuchan desde el jardín de infantes, en programas de televisión, en periódicos, en discursos políticos...

Como veremos en secciones posteriores, esto ha comenzado a cambiar en parte de la población gracias al trabajo de los liberales y libertarios de Argentina, con el mayor reconocimiento de nuestro actual presidente, Javier Milei.

1.2 LOS PRIMEROS GOLPES MILITARES Y EL BANCO CENTRAL

En 1930, la Argentina constitucional sufrió su primer golpe militar y la sucesión de presidentes democráticos que había estado en curso desde 1853 llegó a su fin. Fue una época caótica, en la que incluso las distintas ramas de las fuerzas armadas comenzaron a darse golpes de estado entre sí. Estos nuevos 'presidentes' a veces duraban meses o incluso días. Durante estos tiempos turbulentos, se implementaron dos fuerzas destructivas centrales en el año 1935: la creación del Banco Central de la República Argentina (BCRA) y la creación del impuesto a la renta. Al igual que en los Estados Unidos, donde se establecieron el Banco Central, la Reserva Federal y el impuesto a la renta al mismo tiempo, en Argentina ocurrió algo similar. ¿Coincidencia? No lo creo.

Este impuesto a la renta se impuso al público como 'una medida temporal' con una disposición en la ley que establecía que solo duraría 10 años. Desde entonces, ha sido renovado cada diez años. Parece que nada es tan permanente como un impuesto temporal.

1.3 EL GENERAL PERON Y EVITA

El General Perón es una figura crucial en la historia argentina, tan influyente que el 'movimiento peronista' perdura, con el Partido Justicialista, también conocido como el Partido Peronista, manteniéndose como una fuerza política predominante. Algunos incluso llaman a Argentina humorísticamente 'Peronistán'.

Juan Domingo Perón ascendió en las filas del GOU (Grupo de Oficiales Unidos), orquestando golpes de estado y acercándose cada vez más al poder. Sus estudios en Italia durante la década de 1930 lo pusieron en contacto con el ascenso de Mussolini y Hitler, figuras que lo fascinaron profundamente. Nombrado Ministro de Trabajo tras uno de esos golpes, Perón forjó lazos sólidos con los sindicatos y sus líderes. Comprendió rápidamente el poder de la popularidad obrera, creando una forma de populismo nunca antes vista entre figuras militares o políticas.

Fue durante este período transformador cuando conoció a Eva Duarte, una joven aspirante a actriz que estaba ganando fama a través de sus programas de radio y sus conexiones con la élite argentina. Eva, nacida en la pobreza y fuera del matrimonio, albergaba un profundo resentimiento hacia los ricos. Excluida del funeral de su padre por la familia legítima, estaba decidida a tomar de los ricos y dar a los pobres, encarnando el espíritu de una moderna defensora de la justicia social. Fue Eva quien convenció a Perón de postularse para la presidencia, una campaña que llevó a su victoria en las elecciones democráticas de 1946.

A pesar de su ascenso inicial a través de un golpe militar, Perón y Eva fueron destituidos por una facción militar rival. Durante la prisión de Perón, Eva lo defendió apasionadamente a través de emisiones radiales, movilizando el apoyo público para su regreso. Cediendo ante esta presión, el ejército convocó elecciones, que Perón ganó, marcando el comienzo de la 'peronización de Argentina', una era caracterizada por una forma única de fascismo autóctono.

Los ferrocarriles, las compañías telefónicas, el Banco Central, los servicios públicos, etc., fueron nacionalizados. Ahora pertenecían 'al pueblo'. Durante este periodo de reorganización nacional, si tenías pensamientos y/o acciones disidentes al peronismo lo más probable era que fueras silenciado, expropiado o encarcelado.

A menudo se narra que, al ascender Perón al poder, los pasillos del Banco Central estaban 'intransitables' debido a la abundancia de lingotes de oro almacenados allí. Sin embargo, al final de su presidencia, gran parte de este oro había desaparecido y el banco central estaba vacío.

1.4 EVITA ME AMA, YO AMO A EVITA

Mi padre, siendo un alumno de primer grado en esa época, aprendió en la escuela que Juan Perón y Evita lo amaban. "Evita me ama" y "Yo amo a Evita" eran las frases con las que se le enseñaba a leer y escribir día tras día. Los libros de texto escolares, con dibujos coloridos, afirmaban que Juan Perón alimentaba a las palomas en la Plaza de Mayo y que estaba en lucha contra los imperialistas.

Casi cada página de los libros de texto deificaba al General Perón y a Evita como seres perfectos, capaces de cuidar a cada niño y familia en Argentina. Era un adoctrinamiento desde la infancia para todos los argentinos. Regalaban juguetes, bicicletas, comida, casas y lo que fuera necesario para ganar votos. Hoy en día, el peronismo utiliza métodos similares, imprimiendo dinero fiduciario y distribuyéndolo de diversas formas. *¿Suena familiar en tu país?*

Lo extranjero es malo y es un deber patriótico *'combatir al capital'*. El peronismo tiene un himno propio y para los niños era obligatoria cantarlo todas las mañanas. Incluso hoy en día, es cantado por sus seguidores debido a sus pegajosas melodías y una de las partes principales de la letra es *'Combatiendo al capital'*… Combatieron al capital, y el capital se fue a donde lo tratan mejor…

El peronismo (fascismo-colectivismo) se inculcaba en las escuelas y en las familias. En mi propia familia, mi abuelo se enfrentó a su hermano en una pelea con cuchillos por cuestiones políticas durante una típica comida familiar de domingo, y no volvieron a hablarse durante décadas. Esto era 'normal' en esas sociedades divididas. El socialismo necesita dividir para gobernar; es su sistema. Un camino directo para arruinar un país entero.

Para más contenidos históricos interesantes sobre Perón y Evita lavando cerebros, entra en: **arielaguilar.com/CONTENIDO**

1.5 UN DESASTRE MONETARIO PERPETUO

El resentimiento y la envidia contra los capitalistas en Argentina ha moldeado su historia económica, resultando en la destrucción de cinco monedas diferentes y en la eliminación de trece ceros de ellas. Esta transformación comenzó en el siglo XIX, cuando Argentina experimentó períodos de libertad monetaria. Durante este tiempo, las monedas extranjeras competían con las locales, los billetes privados y las monedas provinciales. En 1881, Argentina unificó sus monedas bajo la primera moneda nacional, el Peso Moneda Nacional, que permaneció en circulación hasta 1969. Funcionando con un patrón de cambio oro durante períodos cortos, marcó la moneda de mayor duración en la historia de Argentina. Cabe destacar que Argentina carecía de un banco central hasta 1935, coincidiendo con la introducción de un impuesto a la renta temporal, que sigue en vigor hasta el día de hoy...

1.6 TRECE CEROS ELIMINADOS DE LA MONEDA

Argentina ha experimentado colapsos económicos cíclicos, cada uno resultando en la devastadora destrucción de los ahorros de la gente. A lo largo de su tumultuosa historia, la nación ha enfrentado episodios recurrentes de inestabilidad monetaria y agitación económica. El primer gran caso de tal inestabilidad ocurrió durante el siglo XIX, una época en la que Argentina gozaba de libertad monetaria pero carecía de la infraestructura financiera robusta necesaria para sostenerla.

Repasemos entonces la evolución de las monedas utilizadas en Argentina.

Peso Moneda Corriente 1826-1881

El *peso moneda corriente* fue la moneda de la provincia de Buenos Aires inicialmente tenía el mismo valor que el 'peso fuerte', un peso respaldado por oro con una equivalencia *de 1 a 1*. Sin embargo, con el tiempo, el valor de la moneda se devaluó significativamente. Al final de su existencia, la devaluación fue tan severa que se necesitaban 25 pesos 'Moneda Corriente' para obtener la misma cantidad de oro que un solo 'peso fuerte' podía comprar al principio. Este drástico cambio resalta la inestabilidad económica y los desafíos que enfrentó la provincia para mantener el valor de su moneda.

Nota: Estas imágenes representan billetes de muestra y no tienen valor monetario.
Se incluyen en este libro únicamente con fines ilustrativos y educativos.

Peso Moneda Nacional 1881 - 1969

La primera moneda nacional unificada en Argentina fue el *Peso Moneda Nacional*. Para obtener una unidad de esta nueva moneda, se necesitaban 25 unidades de la moneda anterior, el peso moneda corriente. Al momento de su lanzamiento, el 'Peso Moneda Nacional' estaba a la par con el 'Peso Fuerte' (el peso oro) y disfrutó de períodos de convertibilidad en oro hasta la creación del Banco Central en 1935. Esta moneda sirvió al país hasta que fue reemplazada en 1970.

Nota: Estas imágenes representan billetes de muestra y no tienen valor monetario. Se incluyen en este libro únicamente con fines ilustrativos y educativos.

Peso Ley 18.188 1970-1983

Para recibir 1 'Peso Ley', se necesitaban 100 'Pesos Moneda Nacional'. Esta moneda eventualmente sufrió una inflación tan severa que, para 1983, circulaban billetes de un millón de pesos. Esta hiperinflación devaluó significativamente la moneda, reflejando la inestabilidad económica del período.

Nota: Estas imágenes representan billetes de muestra y no tienen valor monetario.
Se incluyen en este libro únicamente con fines ilustrativos y educativos.

Peso Argentino 1983-1985

Esta fue la moneda con menor duración en la región, destruida completamente en solo dos años. Al comienzo de su breve existencia, eran necesarios 10,000 'Pesos Ley' para obtener un solo 'Peso Argentino'. Con esta nueva moneda Argentina ya le había quitado seis ceros al original Peso Moneda Nacional.

Nota: Estas imágenes representan billetes de muestra y no tienen valor monetario. Se incluyen en este libro únicamente con fines ilustrativos y educativos.

Austral 1985-1992

El Plan Austral fue una iniciativa económica introducida durante la presidencia de Raúl Alfonsín para estabilizar la economía de Argentina y frenar la hiperinflación. Como parte de este plan, se introdujo la moneda Austral, reemplazando al Peso Argentino con una tasa de cambio de 1.000 Pesos Argentinos para recibir un Austral. Inicialmente, el Austral era relativamente fuerte, con 83 centavos de Austral equivalentes a un dólar estadounidense. Sin embargo, el valor de la moneda se deterioró rápidamente. Para el final de sus cortos siete años de vida, eran necesarios ₳10.000 para comprar ese mismo dólar.

Nota: Estas imágenes representan billetes de muestra y no tienen valor monetario. Se incluyen en este libro únicamente con fines ilustrativos y educativos.

Peso convertible 1992-2002

La Ley de Convertibilidad, promulgada durante la presidencia de Carlos Menem con Domingo Cavallo como Ministro de Economía, fue notablemente concisa. Establecía que la nueva moneda entraría en circulación el día en que el Austral alcanzara una tasa de cambio de ₳10.000 por un dólar, y que este nuevo peso sería convertible uno a uno con el dólar estadounidense. Las características físicas del peso fueron modificadas para ser idénticas a las del dólar. Para imprimir un peso, el banco central necesitaba tener un dólar en sus reservas. Este esquema se asemejaba a lo que hoy intentan muchas stablecoins, criptomonedas que buscan mantener su precio pegado a un cierto activo, como el dólar americano. Durando casi diez años, este peso convertible proporcionó a los argentinos la única década libre de inflación, ya que los precios se mantuvieron prácticamente constantes durante todo el período

Nota: Estas imágenes representan billetes de muestra y no tienen valor monetario. Se incluyen en este libro únicamente con fines ilustrativos y educativos.

Peso 2002-Hoy

A finales de 2001 el país sufrió una gran crisis de la que hablaré con más detalle en una próxima sección del libro. Argentina incumplió la promesa de paridad uno a uno, y el peso dejó de ser 'convertible'. La tasa de cambio entre el peso y el dólar pronto pasó a ser de *4 a 1*, para luego estabilizarse en aproximadamente *3 a 1*, y desde entonces ha ido en aumento constante, superando hoy los 1.000 pesos por un dólar en el momento de redacción de este libro.

En resumen, si hubieras tenido 250.000.000.000.000 pesos moneda corriente en 1870, habrías tenido que intercambiar la moneda antigua por una nueva, en cada crisis y a requerimiento del gobierno de turno, eliminando ceros, y tendrías a día de hoy tan solo un mísero peso actual. Un peso, en el momento de redacción de este texto, vale menos del 10% de un centavo estadounidense.

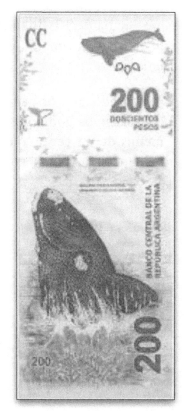

Te propongo un ejercicio mental: Imaginemos por un momento que tu padre era el argentino más rico del país en 1969. Tu padre hace caso a la recomendación de los politicos argentino que dicen, *'hay que ahorrar en moneda nacional'*. Entonces tu padre procede a vender toda su propiedad inmobiliaria, sus fábricas, sus tierras, colección de arte, acciones y bonos por la moneda fiat argentina del momento, el Peso Moneda Nacional. Habría hecho lo que los políticos le habían exigido: ahorrar en moneda nacional y no ser un 'vendepatria'.

Suponiendo que él era el argentino más rico en 1970 y hubiera vendido todo por $10.000.000.000.000 pesos 'Moneda Nacional', equivalentes a 28 mil millones de dólares nominales en 1970 ya que el tipo de cambio era de 350 pesos moneda nacional por dólar. Ten en cuenta que 28 mil millones de dólares de 1970 tenían un poder de compra equivalente a 2.8 billones de dólares de hoy en día (2.8 Trillion en idioma ingles, es decir, como si tu padre tuviera un patrimonio equivalente a diez Elon Musks o Jeff Bezos juntos).

Dado que tu padre confió y siguió las recomendaciones de los sucesivos gobiernos argentino, hoy tú, como heredero, tendrías **menos de un centavo estadounidense**. Tal es el poder destructivo del dinero fiduciario gubernamental o dinero fiat.

Nota: Estas imágenes representan billetes de muestra y no tienen valor monetario. Se incluyen en este libro únicamente con fines ilustrativos y educativos.

Estas drásticas devaluaciones destacan los graves problemas económicos y la hiperinflación que azotaron a Argentina durante décadas. Millones de argentinos han experimentado este poder destructivo que es el dinero fiduciario. Es una máquina de destrucción de riqueza, un vacío, un agujero negro que absorbe tu energía vital.

Periodo	Moneda	Cantidad en moneda argentina
1881-1970	Peso Moneda Nacional	10.000.000.000.000
1970-1983	Peso Ley	100.000.000.000
1983-1985	Peso Argentino	10.000.000
1985-1992	Austral	10,000
1992-2002	Peso convertible	1
2002-Hoy	Peso	1

Lamentablemente esto no ocurre solo en Argentina. Todas las monedas fiat del mundo están perdiendo valor, todas están robando del trabajo humano. Lo que varía entre ellas es la velocidad a la cual roban valor.

1.7 GOLPES DE ESTADO Y PERONISMO: EL INICIO DEL DECLIVE

Regreso a este período de mi país y a estos personajes porque considero que fue un momento crucial donde las cosas comenzaron a deteriorarse.

En 1930, Argentina entró en una etapa marcada por golpes de Estado y gobiernos militares. Como mencioné anteriormente, en la década de 1940, la nación fue testigo del ascenso de Juan Domingo Perón, en su momento un admirador de Mussolini y Hitler. Perón ascendió rápidamente al poder, abrazando la ola del fascismo europeo, y se convirtió en el líder populista más destacado de Argentina, junto a su esposa, Eva Duarte de Perón.

Este constante cambio hizo que fuera difícil para Argentina contar con un liderazgo consistente y efectivo, debilitando las instituciones políticas y la confianza pública en el país.

Juan Domingo Perón llegó al poder con una combinación de populismo y autoritarismo. Al centralizar el poder, reprimió a la oposición y limitó las libertades democráticas. Esto llevó a un gobierno que no fomentaba la participación política abierta ni la disidencia. Perón nacionalizó industrias clave como los ferrocarriles y la industria frigorífica, lo que significaba que el gobierno tomó el control de estos negocios. Sin embargo, esto a menudo condujo a la ineficiencia y la corrupción. Además, los extensos programas de bienestar social de Perón, aunque populares, ejercieron presión sobre el presupuesto nacional sin aumentar la productividad.

Durante el gobierno de Perón, se estableció un sistema de vigilancia generalizado. Espías de barrio, conocidas como 'manzaneras' vigilaban a los residentes, creando un clima de miedo y sofocando la libertad de expresión. Perón y su esposa Evita cultivaron una mayoría de seguidores que fueron leales y convirtieron a sus familiares y descendientes. Los retratos de la pareja eran obligatorios en espacios públicos y privados, y Evita era venerada como la 'líder espiritual de la nación'.

Las prácticas autoritarias y las políticas económicas establecidas durante el mandato de Perón influenciaron a los gobiernos posteriores, creando un ciclo de inestabilidad y gobernanza ineficaz. Este legado hizo difícil que Argentina se recuperara y creciera de manera sostenible. Estos factores, combinados, socavaron la estabilidad política y la salud económica de Argentina, llevando al país por el camino de declive socialista que ha tenido efectos duraderos. Comprender estas razones ayuda a explicar los complejos desafíos que enfrenta Argentina hoy en día.

1.8 TENEMOS QUE VIVIR CON LO NUESTRO

Argentina se sumergió en la idea de que era necesario desarrollar las industrias nacionales, lo que significaba 'comprar argentino' y no productos extranjeros. Esta política de 'sustitución de importaciones' se ha intentado durante los últimos 80 años sin éxito y se repite una y otra vez en los medios y en las aulas. Sin embargo, el país no es un ejemplo destacado de producción industrial. Esto llevó al cierre de importaciones y a la nacionalización de ferrocarriles, compañías telefónicas, servicios de energía, aerolíneas, etc.

Tuvimos los mismos automóviles fabricándose desde los años 60 hasta principios de los 90. Solo se ofrecían unos pocos modelos, con mejoras insignificantes a lo largo de las décadas. Si solicitabas la instalación de una línea telefónica en tu hogar, debías esperar entre **10 y 20 años** para que la empresa estatal de telefonía la instalara. Esto significaba que una casa que tuviera teléfono podía costar el doble que una casa sin teléfono, muy similar a la situación en la Unión Soviética.

1.9 LA OBSESIÓN DE ARGENTINA CON EL DÓLAR ESTADOUNIDENSE

Los argentinos actualmente mantienen más de 200 mil millones de dólares en efectivo, donde uno de cada diez billetes físicos que se han impreso está en Argentina. Según estas estimaciones, dos de cada diez billetes fuera de los EE.UU. se encuentran en el país. También hemos aprendido por las malas que no se debe guardar dólares en una cuenta bancaria, ya que estas suelen ser confiscadas cada una o dos décadas. Por lo tanto, los argentinos ahorran en efectivo ya sea en sus hogares o en cajas de seguridad privadas o bancarias. Las casas y los autos se compran en efectivo, literalmente llevando 300.000 dólares estadounidenses a la mesa de firma y contando cada billete. El mercado de prestamos hipotecario es prácticamente inexistente porque no se puede planificar un sistema de pagos en un entorno de volátil inflación.

En 2023, el salario promedio en Argentina era de 300 dólares por mes y el metro cuadrado de una vivienda oscila entre 1.000 y 2.000 dólares, dependiendo de la zona (equivalente a 90 a 180 dólares por pie cuadrado). Para poder adquirir un metro cuadrado, un argentino que ahorra 50 dólares al mes (casi el 17% de su salario) podría comprar un solo metro cuadrado cada 30 meses. Las personas deben ahorrar ilegalmente en moneda extranjera (ya que la compra de dólares está prohibida) o invertir en algo y luego pagar su vivienda al contado.

1.10 EL PRESIDENTE RAUL ALFONSÍN

Su elección simbolizó el regreso a la democracia y la esperanza de un futuro más prometedor. Sin embargo, Alfonsín enfrentó desafíos inmensos, particularmente la hiperinflación, que se descontroló durante su presidencia debido a la persistente, interminable creencia en la intervención gubernamental en todos los niveles.

Durante el gobierno de Raúl Alfonsín, la hiperinflación alcanzó niveles astronómicos, con picos mensuales de inflación superando el 200% en algunos casos. En su momento más crítico, la inflación anual llegó a niveles *cercanos al 5.000%* en 1989.

Para los argentinos, soportar una tasa de inflación anual tan monstruosa afectó profundamente la vida diaria de varias maneras. Considera este escenario: compras un pan por la mañana por 1 unidad de moneda, solo para descubrir que su precio se triplica o cuadruplica para la tarde. Y en tan solo una semana, ese mismo pan podría dispararse a 50 unidades. En un mes, podría alcanzar unas asombrosas 500 unidades, haciendo que las necesidades básicas sean inalcanzables para muchos. Esta inflación rápida erosiona gravemente el poder adquisitivo, llevando a una incertidumbre, inestabilidad y dificultades generalizadas para los individuos y empresas.

En medio de esta hiperinflación, la cantidad de billetes físicos necesarios para compras cotidianas en el supermercado aumentó exponencialmente. Lo que antes se podía comprar con un puñado de billetes ahora requería montones y montones de efectivo. Imagina necesitar un grueso fajo de billetes solo para cubrir el costo de las compras de un solo viaje... Aquellos que querían comprar un auto o una casa se movían con maletines llenos de billetes o los escondían en bolsas de plástico. Esta abundancia excesiva de moneda en papel se convirtió en una representación visual del caos económico, mientras los individuos luchaban por manejar y transportar el volumen de dinero necesario incluso para las transacciones más básicas.

Alfonsín dejó su presidencia anticipadamente, debido a los fracasos de las políticas económicas socialistas y keynesianas que implementó. Frente a una presión inmensa y una pérdida de confianza pública, renunció en 1989, convocando elecciones anticipadas. Este vacío de poder fue llenado por el peronista Carlos Menem, quien asumió la presidencia de manera anticipada y heredó la monumental tarea de estabilizar la economía argentina.

1.11 LOS AÑOS 90 - LA FIESTA MENEMISTA

Llamamos al período de los años 90 "La Fiesta Menemista", porque la década se sintió como un auge económico para parte de la población, como una fiesta, al menos para algunos. Por primera vez en décadas, Argentina experimentó estabilidad monetaria, sin inflación, un crecimiento económico real a tasas significativas, y el dinero y los productos comenzaron a fluir. Si tenías tu propio pequeño negocio, era fácil ganar miles de dólares al mes. Los créditos hipotecarios para viviendas se reintrodujeron después de décadas (imagina un país sin hipotecas para viviendas), y todas las empresas estatales deficitarias y en quiebra fueron privatizadas (líneas telefónicas, ferrocarriles, generación de energía, aerolíneas). Se permitieron las importaciones de productos extranjeros, y empezamos a tener autos modernos después de décadas de fabricar los mismos modelos desde mediados de los años 60. Ahora, podías obtener una línea telefónica en días en lugar de décadas. Los precios se estabilizaron y casi no cambiaron durante una década. Menem también eliminó el servicio militar obligatorio tras la muerte de un soldado por agotamiento. Para un argentino, era más accesible viajar a Miami, Nueva York o Europa; volvimos a ser reconocidos como turistas que gastaban mucho dinero en el extranjero. Los precios en EE.UU. eran realmente más bajos que en Argentina. Debido a esto, era tan conveniente para los argentinos pasar sus vacaciones en Orlando y Miami como en las playas de moda de Argentina y Uruguay, que eran más caras.

1.12 EL LADO NEGATIVO DE LOS AÑOS 90

Durante las décadas anteriores de inflación, era casi inútil para el gobierno recaudar impuestos. Tan pronto como el dinero estaba en manos del gobierno, al haber transcurrido tiempo hasta su efectiva recaudación, se devaluaba debido a la inflación, por lo que Argentina no ponía mucho esfuerzo en la recaudación fiscal.

Cuando Menem y su ministro de Economía, Domingo Cavallo, instauraron el anclaje al dólar con la paridad uno a uno de la convertibilidad, pronto tuvieron que recurrir a otras formas de financiación gubernamental. Esto incluyó el aumento de impuestos, la creación de nuevos impuestos y el mantenimiento de altos aranceles de importación para proteger a la 'industria nacional'. Reincorporó a Argentina a los mercados internacionales de bonos, pero acumuló continuamente más deuda en dólares. La privatización de las empresas estatales resultó en la creación de monopolios privados. Por ejemplo, solo podías elegir una compañía telefónica dependiendo de dónde vivías.

En 1995, México entró en recesión, lo que tuvo un efecto dominó en otros países de América Latina. Este evento se conoció como el 'Efecto Tequila' y sumió a la Argentina en una recesión.

Como defensor del mercado libre, mi padre apareció en televisión para explicar por qué Argentina aún necesitaba reducir sus impuestos para asegurar un camino hacia la grandeza. En ese momento, Argentina había elevado el IVA del 18 al 21%, teníamos un impuesto a las ganancias del 35%, aranceles de importación de hasta 35% en muchos productos extranjeros y un impuesto social al trabajo del 33%, además de más de un centenar de otros impuestos.

1.13 LAS LEYES LABORALES

Además, a la fecha de redacción de este texto, Argentina aún cuenta con leyes laborales arcaicas que hacen extremadamente difícil, oneroso y arriesgado despedir a un empleado. Los empleadores deben pagar una indemnización de un mes por cada año de empleo, además del 33% del salario destinado a la seguridad social. Como dato interesante, más recientemente, durante la pandemia, esta penalización se duplicó, lo que significaba que si un empleador tenía que despedir a un empleado que había trabajado en su empresa durante 10 años, tendría que pagarle 20 meses de salario como penalización.

No solo eso, sino que existe una industria de procesos judiciales laborales. Dado que cumplir con las leyes y regulaciones es tan oneroso, muchos empleadores y empleados trabajan en 'negro', es decir, sin registrar los trabajos para ahorrar en impuestos y trámites. Sin embargo, la ley incluye sanciones severas para quienes lo hagan. El resultado de esto es que la industria de demandas contra empleadores ha proliferado y es tan omnipresente y rentable que incluso alguien que nunca ha trabajado para ti puede reclamar en el sistema judicial que fue tu empleado y que le pagaste 'en negro', 'por debajo de la mesa'. Dado que los juicios laborales tardan más de cinco años en resolverse en los tribunales, tu abogado probablemente te aconsejará 'resolver esto fuera de los tribunales' y pagar algo para que el problema se vaya.

1.14 EL 'MONOTRIBUTO'

Un aspecto positivo de los años 90 es el 'monotributo' argentino, un régimen fiscal simplificado diseñado para autónomos y trabajadores independientes. Bajo este régimen, los contribuyentes pagan una cantidad fija según tramos de ingresos. Con el monotributo, tu negocio queda exento de presentar declaraciones de IVA, Impuesto a las Ganancias, Cargas Sociales y no tienes que pagarlos. Solo pagas 'un tributo'. El tramo de ingresos más bajo oscilaba entre 1.000 y 12.000 USD al mes cuando se introdujo en 1998. A cambio, los trabajadores solo debían pagar alrededor del 5% de sus ingresos al gobierno y podían auto-reportarse sin necesidad de un contador. El valor del dólar era mucho más alto cuando se lanzó el monotributo en 1998 que en la actualidad, así que ajustando por inflación, esos 12.000 USD ahora equivalen a más de 20.000 USD por mes. Imagina poder generar ingresos de 240.000 USD al año y solo tener que presentar un único informe auto-generado y pagar tan sólo el 5% de eso, ahorrándote el 21% del IVA y el 35% del Impuesto a las Ganancias. Una vez que los emprendedores se establecieron en el monotributo, no querían superar el límite mensual y arriesgarse a ser cambiadas por la AFIP (Administración Federal de Ingresos Públicos) al 'Régimen General', que requería el pago de IVA e Impuesto a las Ganancias.

¿Cómo está el *monotributo* ahora?

A principios de 2024, el tramo más bajo permitía ingresos de hasta 2.1 millones de pesos por año (aproximadamente 142 USD por mes según la tasa actual), con el nivel más alto permitiendo ingresos de hasta 17 millones de pesos (1.150 USD por mes). Esto está muy lejos de los 12.000 USD por mes que se podían declarar a finales de los años 90. Afortunadamente, con la última actualización bajo la administración de Javier Milei, el sistema de monotributo en Argentina ha experimentado cambios significativos. El tramo más bajo ahora permite ingresos anuales de hasta 6.5 millones de pesos (aproximadamente 400 USD de facturación mensual según la tasa actual), mientras que el tramo más alto admite ingresos de hasta 68 millones de pesos (aproximadamente 4200 USD por mes). Esto representa una mejora sustancial respecto a las cifras anteriores, siendo un sistema muy ventajoso para los autónomos.

1.15 EL PRESIDENTE DE LA RUA

Después de Menem, Argentina tuvo su propio equivalente a Joe Biden en la figura de Fernando de la Rúa a finales de 1999. Este anciano ascendió al poder desde una coalición política de tendencia izquierdista y se hizo famoso por su lentitud, su habla arrastrada y su tendencia a perderse en el escenario. A menudo solía decir: "Dicen que soy aburrido..." Durante su campaña, prometió bajar impuestos y afirmó saber cómo hacerlo. Sin embargo, su primera medida en el cargo, introducida desde el primer día, fue implementar nuevos impuestos y aumentar algunos de los existentes. Por ejemplo, introdujo impuestos sobre la renta para los empleados (que ya estaban pagando un 33% en contribuciones a la seguridad social; ahora era un 33% más hasta un 35% en impuestos sobre la renta) y subió e introdujo otros impuestos. La economía sufrió una caída significativa, frenando considerablemente una economía que ya estaba en recesión. Su vicepresidente renunció y la coalición que lo llevó al poder comenzó a desmoronarse. El desempleo subió a cifras de dos dígitos.

1.16   EL RIESGO PAÍS

Cuando era adolescente, recuerdo encender las noticias cada mañana mientras el país se sumía en una recesión, que yo consideraría una depresión. La tasa de desempleo subió a aproximadamente un 18,3%, la economía estaba estancada y las condiciones empeoraban a diario. Cada mañana, las noticias informaban no solo sobre el clima del día, sino también sobre el creciente riesgo país de Argentina:

450... 489... 513... 590... 643...

¿Qué era este número y por qué lo revisábamos cada día mientras se cernía sobre nosotros, el fin de los tiempos? El riesgo país es la diferencia entre la tasa de interés que un país paga por su deuda y la tasa de interés que paga el gobierno de EE.UU. por su deuda. Los bonos del Tesoro de EE.UU. se consideran 'libres de riesgo' (eso dicen; en realidad, estás perdiendo poder adquisitivo el 99% del tiempo). El riesgo país se mide en 'puntos básicos', un método para expresar porcentajes como números enteros, donde un punto básico equivale al 0,01%. Así, una tasa de interés del 4,5% se traduce en 450 puntos básicos. Si Argentina tenía un riesgo país de 590 puntos básicos y los bonos del Tesoro de EE.UU. tenían una tasa de interés del 2,5%, eso significaba que Argentina estaba pagando un 8,4% por su deuda.

1.17   EL PAPEL DEL FMI

Los noticieros de televisión informaban sobre cómo el gobierno dependía de las reuniones y acuerdos con el Fondo Monetario

Internacional (FMI). El FMI prestaba dinero a Argentina, exigía cambios en su política económica y, dado que los bonos argentinos estaban en caída, el riesgo país seguía aumentando. Eventualmente, Argentina no iba a poder pagar no solo el capital de sus préstamos, sino también los intereses. El default se acercaba.

El FMI exigía medidas de austeridad y más impuestos. Estas políticas fueron recibidas de mala manera por el público en general, por lo que se intentaron recortes en el gasto, que pronto fueron revertidos. El sentimiento general era que el FMI iba a imponer su voluntad sobre Argentina.

1.18 2001, EL CORRALITO

Corralito, 'un pequeño corral'. Así se llamó la siguiente medida económica del gobierno. Nos despertamos el 1 de diciembre de 2001 con la noticia de que las retiradas de dinero en efectivo de las cuentas bancarias estaban severamente limitadas, con un límite de alrededor de 250 USD o 250 pesos por semana tanto para empresas como para individuos. Todo lo que no podías retirar del banco de tus pesos y dólares quedaba atrapado dentro del sistema bancario, donde solo podías pagar con tarjetas de débito y crédito, cheques o transferencias bancarias. El ministro de Economía pensaba que, dado que la mayoría de las transacciones económicas pasarían por un banco, los ingresos fiscales aumentarían. ¿Te suena familiar?

Las transferencias internacionales también fueron suspendidas. Solo unas pocas miles de personas lograron sacar su dinero, ya que algunos se enteraron a tiempo antes del anuncio de la medida y otros recurrieron al sistema judicial e iniciaron un procedimiento judicial expedito conocido como 'Recurso de amparo', en el cual un juez debía fallar en un plazo de 48 horas. Había jueces conocidos que consistentemente fallaban a favor de los ahorristas. Una vez que el juez emitía una orden judicial, esta se entregaba al solicitante. Luego, debías encontrar a un policía en la calle y solicitar su acompañamiento al banco para hacer cumplir la orden. Los bancos cumplían y solo pagaban a aquellos ahorristas que presentaran órdenes judiciales de pago.

1.19 'CORRALÓN', SAQUEOS, DISTURBIOS Y EL CHINO LLORANDO

Luego, comenzaron los saqueos de supermercados, camiones y pequeñas tiendas. Circulaban rumores de que el líder de la oposición había llegado a un acuerdo con la policía provincial para organizar y permitir los saqueos sin repercusiones.

Algunas personas se hicieron conocidas como 'piqueteros', protestando al bloquear calles y puentes, quemar neumáticos y alterar el libre flujo de tráfico y personas. Algunos incluso exigían peajes para permitir el paso. Otros ciudadanos de buena voluntad ayudaron organizando ollas populares, donde se ofrecían guisos gratis o a precios muy bajos.

Desde los años 90, muchos minimercados están regentados por inmigrantes de Asia Oriental. Durante los saqueos de diciembre, los telespectadores de varios canales de televisión presenciaron en directo el saqueo de una tienda propiedad un empresario asiático, Wang Zhao. Mientras el trabajo de toda su vida quedaba destruido ante sus ojos, la desesperación se apoderó de él y lanzó un grito desgarrador que resonó en las ondas y captó la atención de todo el país.

Como muchos otros, el propietario de esta tienda, perdió todo aquel fatídico día, pero desde entonces ha ido recuperando poco a poco su estabilidad a lo largo de los años. Argentina a menudo brinda nuevas oportunidades...

1.20 ARBOLITOS Y CUEVAS

A finales de 2001, en medio del colapso económico del país, la implementación del Corralito y la persistencia de la ley de Convertibilidad seguían siendo realidades. A pesar de las noticias diarias, que mostraban una tasa de cambio estable, en la que un peso supuestamente equivalía a un dólar, recuerdo que un hombre, vestido con un pesado abrigo, visitó el negocio de mi padre. Ofrecía 1,15 pesos por cada dólar entregado. Dado que mi padre solía vender la mayoría de sus productos en dólares, me sorprendió ver cómo ganaba un 15% extra de manera instantánea. ¿Qué estaba pasando? ¿Quién era este hombre del abrigo beige? Mi padre respondió: "*Es un arbolito*".

Los *arbolitos* son hombres que se encuentran en las calles del centro de Buenos Aires gritando: ¡*Cambio!* ¡*Cambio!* Te acercas a ellos, preguntas el precio, haces un trato y él te llevará a la "cueva". No te asustes, la 'cueva' es simplemente un lugar donde se realizan operaciones de cambio de divisas en el mercado negro o libre, principalmente intercambiando pesos por dólares o dólares por pesos. He visto cuevas que son tiendas de ropa, tiendas de antigüedades, numismáticas, hoteles, oficinas de casas de bolsa dentro de la Bolsa de Valores de Buenos Aires, la tienda local que copia llaves y, por lejos, las más comunes, son las agencias de viajes.

Cualquiera puede convertirse en operador de una cueva en Argentina. Si todas las cuevas pudieran ser cerradas mañana por la mañana, el país colapsaría al día siguiente. Imagina tener que ir a un banco donde recibirías menos de la mitad de los pesos si vendes tus dólares. El banco y el gobierno te permiten vender cantidades ilimitadas de dólares a la tasa oficial del gobierno. Sin embargo, para mantener un precio artificialmente bajo, solo te permiten comprar de vuelta 200 dólares por mes con tus pesos, además de una carga impositiva adicional, que suele ser del 30%, más un recargo adicional del 35%. La operación en el mercado libre de las cuevas es lo que permite que el país siga funcionando. Asegúrate de agradecer a tu 'cuevero', el hombre de la cueva, cuando lo encuentres. El pequeño corral pronto llevó al 'gran corral' o corralón, lo que significaba que ni siquiera podías retirar los 250 dólares por semana que antes estaban permitidos.

1.21 EL TOQUE DE QUEDA Y EL CACEROLAZO

El jueves 19 de diciembre de 2001, el presidente De La Rúa apareció en televisión nacional y anunció un toque de queda a nivel nacional. No se permitía salir de casa después de las 20:00hs y hasta las 6:00hs de la mañana.

La transmisión terminó con el estruendoso sonido de cacerolas y ollas golpeadas, usadas como instrumentos de protesta en casi todos los hogares. Esto se conoció como *cacerolazo*. El anuncio del toque de queda solo avivó más disturbios y protestas al día siguiente, el infame 20 de Diciembre de 2001, extendiéndose por todo el país, pero intensificándose particularmente en la plaza más famosa del país, la Plaza de Mayo.

El gobierno respondió desplegando fuerzas policiales y militares para reprimir a los manifestantes, e incluso recurrió a enviar policías a caballo para atacar. Trágicamente, más de 20 personas perdieron la vida ese día en las protestas.

1.22 LA HUIDA EN HELICÓPTERO

El 20 de diciembre, todos lo vimos en vivo por televisión: el helicóptero presidencial aterrizó en la azotea de la Casa Rosada (el equivalente a la Casa Blanca de Argentina). El presidente De La Rúa anunció su renuncia, abordó el helicóptero y escapó desde el techo del edificio gubernamental. Con el vicepresidente habiendo renunciado meses antes, el país quedó acéfalo, sin presidente.

Para más contenido histórico interesante sobre el Corralito, el toque de queda y esta época de Argentina, entra en :
arielaguilar.com/CONTENIDO

1.23 CINCO PRESIDENTES DIFERENTES EN DOS SEMANAS Y EL CONGRESO CELEBRANDO EL DEFAULT

La renuncia de De la Rúa creó un vacío de poder, lo que llevó a un rápido cambio de cinco presidentes interinos en Argentina en el transcurso de dos semanas, reflejando una grave crisis política y económica:

> **Fernando de la Rúa** (1999-2001): Renunció en medio del caos económico y las protestas el 20 de diciembre de 2001.
>
> **Ramón Puerta**: Presidente del Senado, asumió brevemente la presidencia por unas horas el 21 de diciembre de 2001.
>
> **Adolfo Rodríguez Saá**: Asumió el cargo, pero renunció después de una semana, el 30 de diciembre de 2001, tras declarar el default de la deuda argentina.
>
> **Eduardo Camaño**: Se desempeñó como presidente interino del 30 al 31 de diciembre de 2001.
>
> **Eduardo Duhalde**: Se convirtió en presidente el 2 de enero de 2002 y gobernó hasta mayo de 2003, implementando una devaluación y la *'pesificación asimétrica'*. También allanó el camino para la presidencia de Néstor Kirchner.

1.24 QUIEN DEPOSITÓ DÓLARES RECIBIRÁ DÓLARES, QUIEN DEPOSITÓ PESOS RECIBIRÁ PESOS - EL FIN DE LA CONVERTIBILIDAD

Días difíciles para mi querido país. En resumen, debido a la aplicación de la 'Ley de Acefalía', se eligieron cuatro presidentes interinos en unos pocos días, y finalmente Eduardo Duhalde fue elegido en quinto lugar. Había obtenido el 30% de los votos en las elecciones de 1999 y se rumoreaba que había organizado los saqueos para desestabilizar el gobierno de De la Rúa. En su discurso inaugural, dijo su ahora famosa frase: *"Quien depositó dólares recibirá dólares, quien depositó pesos recibirá pesos"*, para tranquilizar al Congreso y al público, y recibió una ovación. Unas semanas después, tuvimos la pesificación asimétrica, donde lo único que obtuvimos fueron... pesos.

Aún recuerdo la rara experiencia de enfrentar nuevamente la inflación, al comprar una hamburguesa con queso de McDonald's, que había estado a 99 centavos durante una década, solo para descubrir que ahora costaba 1,99 pesos... ¡Sí, de la noche a la mañana, el precio de mi hamburguesa favorita se había duplicado! Así como el precio de tantas otras cosas...

Más tarde, en unos pocos días, el desacoplamiento del peso del dólar hizo que la tasa de cambio pasara de *1 a 1* a *4 a 1*. Si habías ahorrado en pesos, de repente solo podías comprar el 25% de los dólares que hubieras podido comprar unos días antes. Las casas y los autos, medidos en dólares, estaban en sus precios más bajos en décadas, presentando una *oportunidad increíble* para aquellos que habían ahorrado dólares en efectivo en casa.

1.25 LA PESIFICACIÓN ASIMÉTRICA

La ley de Duhalde estableció que quienes depositaron dólares o tenían deudas denominadas en dólares, ahora tenían o debían 1,40 pesos por cada dólar. Esto significaba que, si habías ahorrado 10.000 USD en el banco, tu saldo en dólares era ahora 0, y tu saldo en pesos aumentaba en 14.000 pesos. Mientras tanto, el tipo de cambio en el mercado libre para pesos a dólares era ahora de *4 a 1*. Así que, si querías tomar esos 14.000 pesos y comprar dólares al tipo de cambio de *4 a 1*, solo obtendrías 3.500 USD. En otras palabras, perdiste el 65% de lo que habías ahorrado. Lo contrario ocurría si tenías deudas o una hipoteca denominadas en dólares. Si debías 100.000 USD por tu casa, ahora debías 140.000 pesos, lo que al tipo de cambio de *4 a 1* significaba que ahora solo debías 35.000 USD. Los ahorristas fueron arruinados y los deudores fueron beneficiados, un comportamiento típico del dinero fiat.

Dada la historia de devaluaciones y confiscaciones de depósitos en el pasado, Argentina enseña a **no confiar en los bancos ni en las instituciones.** Los bancos y las instituciones no son seguros; debes salvarte a ti mismo. Como consecuencia, hemos cultivado una cultura de ahorrar dólares en billetes físicos, **en efectivo**.

1.26 EL REGRESO DE LA INFLACIÓN: EL IMPUESTO NO LEGISLADO

Desde el día en que el presidente Eduardo Duhalde nos sacó de la ley de convertibilidad regresamos a la inflación — una inflación que aumentó de manera constante, poco a poco. Luego del subidón de precios inicial, la tasa anual se estabilizó al principio en torno al 10%, luego 15%, luego 20%, cada año sucesivo fue en aumento. La situación escaló a un punto de locura, con Argentina experimentando tasas de inflación superiores al 100% anual. ¡Esto significa que tus ahorros en pesos *pierden más de la mitad de su valor cada año*!

La Constitución argentina establece que todos los impuestos deben ser legislados por el Congreso Nacional; sin embargo, *no se especifica la cantidad de dinero que el país puede imprimir*. El objetivo final sigue siendo el mismo: financiar los gastos de los distintos poderes del estado. En lugar de promulgar leyes que habilitan impuestos y recaudar dichos impuestos, ¿por qué no simplemente imprimir el dinero necesario sin tener pasar por el proceso legislativo?

El acuerdo entre Bancos Centrales y gobiernos les permite a*umentar la oferta monetaria devaluando el poder adquisitivo* de las personas que tienen pesos, así como sucede con los dólares, euros, yenes y otras monedas fiat. Erosiona, de hecho, *roba* su riqueza a través de la inflación, a menudo sin que las personas se den cuenta de lo que está ocurriendo. Así que, no solo Argentina tiene una presión fiscal superior al 50%, sino que el hecho de que en 2023 haya haya habido una inflación superior al 100% anual significa que *tus ahorros están gravados con tipos de más del 50% al año.*

El esquema de Banca Central permite a los gobiernos no tener que pasar por el proceso legislativo para aprobar impuestos, los bancos centrales determinan las tasas de interés de referencia y por ende tienen un control sobre la emisión de dinero nuevo. La emisión monetaria se convierte en un impuesto inconstitucional, un impuesto no legislado.

Hago un simple razonamiento lógico: si tu gobierno te grava con un 50% de todo lo que ganas, y luego te impone otro 50% en todo lo que compras, y además se lleva la mitad de tus ahorros cada año a través de una tasa de inflación del 100% anual, lo que significa que el poder adquisitivo de tus ahorros se reduce a la mitad cada año, *¿realmente eres libre?*

1.27 EL INDEC MIENTE

Luego del default de 2001 la Argentina ya no tenía acceso a los mercados internacionales de crédito. Entonces para poder seguir emitiendo bonos creó los bonos en pesos ajustados por la inflación, ofreciendo a los inversores una tasa de interés más la tasa de inflación. En consecuencia, luego de esta emisión de bonos el gobierno comenzó a falsificar los datos de inflación para pagar menos interés. Por ejemplo, durante la presidencia inicial de Cristina Kirchner (analizaremos su presidencia más adelante), el gobierno afirmaba que la inflación era de apenas el 10% anual cuando en realidad estaba cerca del 30%. Esta manipulación permitió a Argentina retener, es decir, *robar*, miles de millones en pagos de intereses a los tenedores de bonos.

El INDEC, la agencia gubernamental encargada de las estadísticas, se hizo notoria durante esos años con la frase popular "El INDEC miente". Y no solo es el gobierno argentino; la mayoría de los gobiernos manipulan y mienten sobre los datos de inflación. Mientras que en EE.UU. y Europa se citan tasas de inflación de hasta alrededor del 10% anual, mis viajes con La Bitcoineta* *han revelado una realidad muy diferente.* Cuando pregunté a personas en Europa sobre su experiencia con la inflación desde 2020 hasta ahora, la mayoría de las respuestas oscilaron entre el *30%*, el *50%* e incluso el *100%*.

*Bitcoineta es una iniciativa destinada a promover la adopción y educación sobre Bitcoin, especialmente en áreas donde el acceso a servicios financieros puede ser limitado. Consiste en viajar en una furgoneta a diversas comunidades en América Latina y Europa para proporcionar información, recursos y apoyo relacionados con Bitcoin.

1.28 LOS 'FONDOS BUITRE' O SIMPLEMENTE FONDOS SOBERANOS DE ALTO RIESGO

Ahora, para introducir el tema, consideremos los fondos de alto riesgo: son empresas privadas que recaudan capital de inversores y emplean un equipo de gestión para buscar oportunidades para hacer crecer ese capital. El modelo de negocio típico para los fondos de alto riesgo es el siguiente:

Se recauda capital, a modo de ejemplo, unos mil millones de USD, de diversas fuentes, incluyendo familias adineradas, inversores individuales, corporaciones, fondos de pensiones y otras entidades que buscan altos rendimientos o retornos de inversión. El gestor del fondo de alto riesgo suele ofrecer el siguiente acuerdo a estos inversores: *"Por gestionar su dinero, cobraré una tarifa del 2% anual."* Así que, desde el principio, el fondo de alto riesgo tiene un presupuesto anual de 20 millones de USD. Sin embargo, si el fondo genera una ganancia *con tu dinero*, retienen el 20% de esa ganancia y distribuyen el 80% restante a los inversores.

Por ejemplo, si el fondo de alto riesgo logra un rendimiento del 15% sobre un fondo de 1000 millones de USD, obtiene una ganancia total de 150 millones de USD. En consecuencia, el fondo puede reclamar el 20% de esa ganancia, que equivale a 30 millones de USD, además de la tarifa de gestión de 20 millones de USD, resultando en un ingreso total para el hedge fund de 50 millones de USD por gestionar el dinero de otras personas. Los inversores reciben 100 millones.

En ocasiones, los gestores toman decisiones incorrectas, resultando en pérdidas financieras en lugar de ganancias. Por ejemplo, si el fondo pierde un 15%, eso se traduce en una pérdida de 150 millones en un año. En tal escenario, el fondo de alto riesgo solo tiene derecho a la tarifa de gestión de 20 millones de USD. Mientras que algunos fondos de alto riesgo optan por cobrar la tarifa de 20 millones, otros eligen renunciar a ella, absteniéndose de cobrar a sus inversores por las pérdidas sufridas.

Recomiendo el libro 'More Money Than God' (*de Sebastian Mallaby, Penguin Press 2010*) para conocer la historia de diez fondos de alto riesgo diferentes y cómo estos gestores deben tomar decisiones diarias que pueden resultar en una ganancia o pérdida de 500 millones en un solo día. ¡Imagínate tener los nervios para tomar decisiones de esa magnitud!

Ahora, pasemos a la historia de Argentina y su relación con los *fondos soberanos de alto riesgo* o, como les gusta llamar a los políticos y los medios argentinos, *los fondos buitres*. Buitres, como el ave que se alimenta de los animales muertos. Estos fondos tienen una visión contraria a las decisiones económicas de los gobiernos populistas, apostando en su contra en consecuencia. Mientras que los gobiernos, los medios de comunicación, la academia y la mayoría de la gente creen que la decisión A es la correcta, estos fondos de alto riesgo tienen una visión opuesta de la realidad y la economía, y dicen: no, el camino correcto es el opuesto, A va a eventualmente fallar. Los gestores de estos fondos creen que la decisión A es incorrecta, defectuosa y que eventualmente causará más daño que beneficio. Así que encuentran una manera de apostar contra la decisión A y optar por la B. Cuando enfrente tienes a un gobierno con políticas keynesianas no es difícil terminar teniendo razón y ganando miles de millones de dólares en el proceso.

Paul Singer, un gestor de fondos de alto riesgo, decidió comprar bonos argentinos a precios muy bajos durante el default de la deuda de Argentina en 2002. Debido a que Argentina había incumplido sus obligaciones y no estaba pagando a sus acreedores, los bonos que una vez valían 100 centavos se podían comprar en el mercado por alrededor de 18 centavos por dólar.

Se dio cuenta, al igual que muchos otros inversores, de que si Argentina quería volver a ser parte de la economía global, tendría que salir de su estado de quiebra o default. Argentina adoptó una visión a corto plazo, mientras que estos inversores optaron por una perspectiva a mediano y largo plazo, dispuestos a esperar años o incluso décadas hasta que Argentina comenzara a pagar. Además, tenían la paciencia y los recursos financieros para tomar acciones legales. Los países emiten continuamente bonos para recaudar dinero para el gobierno.

Cuando se emitieron los bonos originales, Argentina había acordado someterse a la legislación de Nueva York, ya que emitir los bonos bajo la legislación y los tribunales argentinos no habría atraído tanto capital.

Paul Singer y otros llevaron esto a los tribunales durante años y finalmente llegaron a un acuerdo con el país, obteniendo miles de millones en beneficios.

Durante años, los argentinos escucharon de la presidenta Cristina Kirchner, los medios de comunicación y las universidades que estos eran "fondos buitres" y que no estaba bien que exigieran lo que estaba en el contrato. Argumentan que estos fondos no tienen una visión social del mundo y que los deudores no deberían reclamar lo que legítimamente les corresponde si están ganando tanto dinero con ello.

Lo que Cristina y los medios no están diciendo es que, si no hubiera sido por la existencia de estos fondos de alto riesgo comprando miles de millones de dólares en bonos argentinos a 20 centavos por dólar, *¡esos bonos habrían bajado aún más!* Si nadie está comprando y solo hay vendedores, los precios se desploman hasta cero. ¿Acaso todo el bluff es porque estos políticos incluso querían que los bonos bajaran aún más para comprarlos, quizás a 10 centavos, 5 centavos o 1 centavo? ¿Para luego llegar al poder y pagar a los acreedores y obtener un retorno de 20 a 100 veces la inversión?

1.29 NÉSTOR KIRCHNER - EL PRESIDENTE QUE GANÓ CON EL 22% DE LOS VOTOS Y NO PUDO DAR CUENTA DEL PARADERO DE 500 MILLONES DE DÓLARES DE SU PROVINCIA

Era conocido como el *Pingüino de Santa Cruz*, en referencia a su asociación con una de las provincias más australes de Argentina. Había gobernado como gobernador y había convertido su provincia en un pequeño feudo de empleados estatales. Circulaban rumores de que había tomado 500 millones de dólares de las arcas provinciales e invertido ese dinero en el extranjero, nunca más vuelto a ver. Después de un año y medio en el poder, el presidente Duhalde decidió convocar a elecciones y apoyó al Pingüino, Néstor Kirchner. Néstor se postuló y recibió el 22% de los votos, mientras que el principal candidato, Carlos Menem, el expresidente de 1989 a 1999, recibió el 25% de los votos.

Según las reglas argentinas, cuando un candidato recibe un porcentaje bajo de votos y la diferencia entre el primer y el segundo lugar es pequeña, se activa un 'Ballotage', lo que significa que se realiza una nueva elección solo con los candidatos de primer y segundo lugar. Lamentablemente para la historia de Argentina, el candidato en tercer lugar, Ricardo López Murphy, un liberal clásico, recibió solo el 19% de los votos, por lo que quedó fuera de la segunda vuelta. Debido al apoyo de Duhalde, este casi desconocido Néstor Kirchner logró quedar en segundo lugar. Las encuestas indicaban que si se celebrara la segunda vuelta, Menem perdería, por lo que decidió renunciar a su oportunidad, cancelar el Ballotage y Néstor Kirchner fue proclamado presidente de Argentina.

Uno de los momentos más oscuros de la historia argentina, cambió el rumbo del país, alejándolo de la dirección que había tomado en los años 90 y adoptando un modelo similar al de los años 60, 70 y 80. La inflación regresó, se reinstauraron los impuestos a las exportaciones y resurgió el mantra de *"defender las industrias nacionales"*.

1.30 EL CEPO CAMBIARIO

Cuando llegó el momento de la reelección de Néstor Kirchner, propuso a su esposa, Cristina Fernández de Kirchner, como candidata a la presidencia. Muchos especulaban que su estrategia era alternar la presidencia entre ellos, eludiendo así el límite de dos mandatos para cada presidente. De esta manera, podrían efectivamente gobernar como familia mientras continuaran ganando el voto popular. Sin embargo, estos planes se vieron abruptamente interrumpidos cuando Néstor murió repentinamente en circunstancias misteriosas. Nunca se realizó una autopsia y su cuerpo solo fue visto en un ataúd cerrado.

Las teorías de conspiración sugieren que fue su propia familia quien lo hizo asesinar.

Poco después de la muerte de Néstor, Cristina decidió implementar una de sus clásicas políticas intervencionistas en 2011, el *'cepo cambiario'*. Cepo, la misma palabra que se usa para referirse a un candado o freno, ese mecanismo que se coloca en la rueda de un coche para evitar su movimiento cuando olvidas pagar el permiso de estacionamiento.

Eso fue lo que obtuvieron los argentinos: *un cepo en cada pierna*.

Este cepo cambiario significaba que ya no podías intercambiar libremente pesos por dólares. Podías vender todos los dólares que quisieras, pero si querías comprarlos de nuevo, debías ingresar al sitio web de la administración tributaria. Allí, introducirías la cantidad que deseabas adquirir, y el sitio te daría una respuesta: ya sea un 'sí' o un 'no'. Si te otorgaban un 'sí', podrías ir a tu banco para cambiar pesos por dólares. De lo contrario, tendrías que seguir esperando o intentar con una cantidad menor. Los *kirchneristas* afirmaban que una evaluación informática determinaba si las personas podían comprar dólares en función de sus ingresos, propiedades y otros factores. Sin embargo, como el algoritmo no se reveló, los funcionarios podían usar su discreción, concediendo la posibilidad de comprar dólares a sus aliados mientras negaban esta opción a otros a su antojo.

El kirchnerismo gobernó en Argentina durante tres, en realidad cuatro, mandatos presidenciales: Néstor Kirchner asumió la presidencia en 2003 y fue sucedido por su esposa, Cristina Fernández de Kirchner, quien ocupó el cargo desde 2007 hasta 2015. Desde 2019 hasta 2023, Alberto Fernández, un 'títere' de Cristina Fernández, se convirtió en presidente mientras Cristina se desempeñaba como vicepresidenta.

Este movimiento político, derivado del peronismo más izquierdista, se caracterizó por sus ideas colectivistas socialistas y demagógicas, muchas de las cuales resultaban irracionales. Muchos de sus miembros habían sido jóvenes terroristas durante los años 70.

1.31 EL DOLAR BLUE

Como resultado del cepo, el dólar blue, el dólar informal del "mercado negro", ganó prominencia. De hecho, representa el valor real del dólar, determinado por la oferta y la demanda del mercado.

Mientras que el tipo de cambio oficial era de 4 pesos por dólar, el dólar blue en el mercado libre subió a 6 pesos por dólar, ofreciendo una prima del 50% para quienes vendían dólares por pesos. Esta brecha persistió hasta 2015, cuando el tipo de cambio oficial alcanzó los 10 pesos por dólar y el dólar blue escaló a 15 pesos.

1.32 LA CAZA DEL GATO Y EL RATÓN / EL RULO

Cuando cambias tus billetes de dólar por billetes de pesos en una cueva y recibes un 50% extra, significa que puedes comprar dólares baratos, venderlos por más pesos, volver a comprar los dólares baratos y repetir el proceso. En Argentina, nos referimos a esto como "hacer el rulo," que es similar a decir "hacer el giro," "hacer el loop," o "hacer el rollo financiero." A veces también lo llamamos "hacer la bicicleta financiera." Casi todo el mundo intenta obtener este dinero extra, pero el gobierno comenzó a imponer restricciones sobre quién puede recibir dólares y la cantidad de dólares permitidos para poner fin al *rulo*.

Durante los primeros meses, los argentinos solían viajar al país vecino, Uruguay, específicamente a la ciudad de Colonia del Sacramento, para visitar los casinos con sus tarjetas de crédito. Utilizaban sus tarjetas de crédito en pesos para comprar fichas de casino, intercambiaban esas fichas por billetes en dólares estadounidenses, regresaban a Argentina con el efectivo físico, cambiaban los billetes por más pesos en cualquier cueva, pagaban la tarjeta de crédito y repetían el proceso sin fin. Dinero fácil...

A pesar de los controles, impuestos y restricciones impuestos por el gobierno, los argentinos siguen encontrando formas de eludir estas regulaciones. La recompensa es demasiado alta; a principios de 2023, la diferencia entre el tipo de cambio oficial y lo que el mercado paga por el dólar superaba el 100%. Esto significa que quien tenga acceso a dólares oficiales puede efectivamente duplicar su dinero si lo gasta en el mercado negro. No es una tarea fácil, pero las oportunidades de corrupción que esto presenta son significativas. Si el gobierno te autoriza a importar un bien, lo pagarás en pesos al tipo de cambio oficial. Sin embargo, si el dólar se libera unos meses después, lo que compraste ahora vale el doble. Este sistema también permite permisos discrecionales, donde los amigos del gobierno reciben el privilegio de importar bienes a mitad de precio. Todo esto se financia con el empobrecimiento de la población a través del impuesto inflacionario.

1.33 EL PRESIDENTE MACRI

Mauricio Macri ocupó la presidencia de Argentina desde 2015 hasta 2019. Proveniente de una familia adinerada, su padre, Franco Macri, era un conocido magnate de la industria. Mauricio trabajó con su familia, pero en la década de 1990 decidió aventurarse por su cuenta y se postuló en las elecciones del club de fútbol más importante del país, Boca Juniors. Ganó las elecciones, transformó el club y lo llevó a ganar numerosos torneos. Luego, se aventuró en la política, convirtiéndose en alcalde de la Ciudad de Buenos Aires por dos mandatos y posteriormente se postuló para la presidencia contra el candidato de Cristina Fernández, Daniel Scioli. Macri ganó en 2015, poniendo fin a doce años de kirchnerismo.

Una de las primeras políticas de Mauricio Macri fue poner fin al 'cepo cambiario' y abrir la economía. El dólar oficial que Cristina Fernández había dejado estaba a 10 pesos por dólar, mientras que el dólar blue se encontraba a 15 pesos por dólar. Una vez que Macri liberó el dólar, este subió rápidamente a 15, para luego disminuir lentamente hasta alrededor de 13 pesos por dólar. Macri llevó a cabo su campaña presidencial con el lema de 'cero inflación' y 'cero pobreza', pero a pesar de que sus economistas estimaban una inflación del 10%, en realidad solo logró aumentar la inflación durante su mandato.

También comenzó a ajustar los precios de servicios como la electricidad y el gas natural, que estaban subsidiados por el estado y se habían mantenido ridículamente bajos en términos de dólares debido a años de precios congelados.

1.34 CÓMO ROBAR MIL MILLONES DE DÓLARES

Macri introdujo una política monetaria muy particular. Se imprimió dinero en pesos a gran escala para financiar el déficit. Con el fin de evitar que todos estos nuevos pesos se utilizaran para la compra de dólares y que el tipo de cambio subiera con la inflación, decidieron ofrecer bonos gubernamentales a corto plazo que pagaban tasas superiores o alrededor de la tasa de inflación. ¿Entonces, dónde está la parte de robo? En que estaban suprimiendo artificialmente el precio del dólar por otro lado al vender reservas del banco central. El tipo de cambio se mantenía bloqueado en 20 pesos por dólar mientras los bonos gubernamentales ofrecían un rendimiento anual del 30%. Esto significaba que, mientras el gobierno no devaluara el tipo de cambio, obtenías un rendimiento del 30% en términos de dólares.

Macri logró obtener el préstamo más grande de la historia de Argentina, 100 mil millones de dólares del FMI. Se anunció como un gran recurso para construir infraestructura pública, pero en su mayor parte se utilizó por el banco central para mantener el tipo de cambio del peso reprimido. Una vez que se agotaron esos 100 mil millones, el tipo de cambio subió a 40 pesos por dólar.

Imagina por un segundo tener la información sobre lo que vas a hacer con los 100 mil millones. Podrías llamar a tu amigo, socio o fiduciario y decir: "¡Apaláncate, amigo! Vamos a mantener estos bonos en pesos con un rendimiento anual del 30-40% por unos meses más. Te avisaré cuando se nos acabe el préstamo del FMI y dejemos de reprimir el precio del peso, y podrás vender los bonos por dólares la semana anterior. ¡Todo legal, amigo, nadie se enterará! Apaláncate, toma una posición 10X, 'Tenemos la vaca atada,' una expresión argentina que significa 'La vaca está atada.' Vamos a ganar con un 100% de certeza, vamos a hacer miles de millones a expensas de la población argentina."

No puedo probar personalmente que Macri o cualquier otro político, o sus aliados, con las mismas políticas económicas keynesianas, "hayan robado el dinero". Lo que digo es que es fácil llevar a cabo estas acciones sin que nadie pueda probar si se hicieron o no. El keynesianismo es una herramienta perfecta para robar.

1.35 EL REGRESO DE LOS KIRCHNERISTAS

Cristina Kirchner quería regresar al poder, pero sabía que no ganaría directamente, así que eligió a un títere para postularse como presidente, con ella misma como vicepresidenta. Argentina tiene primarias obligatorias en las que todo el país debe votar para elegir a los candidatos para las elecciones generales. Alberto Fernández, 'el títere', tuvo una clara ventaja sobre Macri en estas primarias. Esto fue un adelanto de lo que vendría en las elecciones generales, por lo que esa noche del domingo, el tipo de cambio de 40 pesos por dólar subió rápidamente a 60 pesos el lunes por la mañana, para reflejar lo que se avecinaba.

Alberto Fernández ganó y devolvió a Argentina al clásico modelo estatista kirchnerista: cepo cambiario, dólar blue, autorizaciones para importar productos extranjeros, etc. No solo eso, sino que AF implementó uno de los cierres más prolongados de cualquier país durante la pandemia de COVID, que duró desde marzo hasta aproximadamente octubre o noviembre de 2020. Continuó con niveles variables de intensidad y restricciones a lo largo de 2021. El nivel de irracionalidad y autoritarismo fue extremo.

1.36 EL IMPUESTO SOLIDARIO

El "impuesto solidario" (PAIS) en Argentina, introducido en diciembre de 2019 bajo la presidencia de Alberto Fernández, aplica un recargo del 30% sobre las compras realizadas en monedas extranjeras. Esto incluye las compras de divisas, servicios de turismo y viajes, servicios digitales y operaciones financieras internacionales.

El impuesto tiene como objetivo generar ingresos para programas sociales y frenar la fuga de reservas en divisas. Para los individuos, el impuesto solidario hace que los bienes y servicios extranjeros sean más caros. Esto puede afectar a quienes viajan al exterior, compran productos de minoristas internacionales o se suscriben a servicios como plataformas de streaming facturadas en moneda extranjera. El impuesto fue parte de otro intento por abordar el déficit fiscal sin reducir el gasto público, imponiendo la carga sobre la clase media.

1.37 CÓMO LA INFLACIÓN TE ROBA A TRAVÉS DEL IMPUESTO A LA RENTA

A medida que la moneda fiat se deprecia, el poder adquisitivo se reduce, haciendo que el tenedor de la moneda fiat se vuelva cada vez más pobre... Y no solo eso, la inflación puede erosionar tus ingresos a través del fenómeno conocido como "bracket creep" o deslizamiento de tramos impositivos en la tributación de ingresos. A medida que la inflación aumenta, los salarios nominales pueden subir para mantenerse al día con los mayores costos de vida.

Sin embargo, si los tramos impositivos y las deducciones no se ajustan por inflación, los contribuyentes pueden verse empujados a tramos impositivos más altos, lo que resulta en una mayor parte de sus ingresos siendo gravada a tasas impositivas superiores.

Esto aumenta efectivamente su carga tributaria, a pesar de que su poder adquisitivo real no haya mejorado. Así, la inflación puede llevar a impuestos sobre la renta más altos sin un aumento real en el ingreso, disminuyendo el bienestar financiero general. Este es un problema cotidiano en la vida argentina.

El mismo problema ocurre con el Impuesto a las Ganancias de Capital. Estás pagando porque tus activos se apreciaron debido a la inflación, no porque hayan aumentado en valor real. Estás siendo gravado por ser robado a través del impuesto inflacionario.

1.38 ¿CÓMO PUEDES AGUANTAR ESTO?

Cuando cuento la historia de Argentina a personas de Europa u otros países del primer mundo, a menudo me preguntan: ¿Cómo aguantan ustedes esta m**rda? La respuesta es que la mayoría de los argentinos, sin lógica ni investigación profunda, suelen repetir que esta es la forma de crecer. ¡Pero los hechos contradicen tales creencias! Esto es lo que dicen sus políticos que es bueno para la economía, lo que dicen los medios de comunicación que es bueno para la economía, lo que dice tu profesor en la escuela que es bueno y lo que dirá tu profesor universitario que es bueno. *Es un lavado de cerebro masivo basado en el pensamiento fiat, la economía keynesiana y el colectivismo*, mientras nos dicen que estamos ganando...

1.39 EL PARTIDO LIBERAL LIBERTARIO

El 19 de noviembre de 2023, los argentinos eligieron al primer presidente autodeclarado 'liberal libertario' en la historia mundial. Me río cada vez que escucho al presidente Milei autodeclararse como 'Liberal Libertario', porque ese es un término que tuvimos que inventar por razones legales con un grupo de amigos en el sótano del Café 'Petit Colón' en Buenos Aires en 2009, cuando estábamos formando el primer partido político libertario de Argentina, el "Partido Liberal Libertario".

Nos conocimos en un grupo de Facebook; al principio éramos completos desconocidos y decidimos que Argentina necesitaba un partido liberal clásico/libertario. En ese entonces, la palabra liberal se usaba como un insulto, de manera simple y llana, un término despectivo. Así que era realmente audaz para alguien "salir del armario" y mencionar que era liberal. Recuerda que en Argentina, liberal no significa lo mismo que en Estados Unidos; estamos hablando de liberalismo clásico. Algunos miembros del partido no querían mencionar que éramos liberales, y nos separamos desde el principio: 'Partido Liberal' por un lado y 'Partido Federal Republicano' por el otro, que eventualmente se convirtió en el 'Partido Azul' y fracasó muy pronto.

Había un problema: la ley decía que no podía haber dos partidos con el mismo nombre, y había un partido político de la provincia de Corrientes, el primer partido político de toda la historia de Argentina, llamado Partido Liberal desde 1853.

En esos días, había leído recientemente el manifiesto libertario de Rothbard, '**For a New Liberty**', y estaba vendiendo copias a los miembros del partido. Cuando tuvimos que encontrar un nuevo nombre, propuse simplemente llamarnos Partido Libertario. Otro miembro del partido sugirió: Bueno... podríamos combinar las dos palabras.

Y así nació 'Liberal Libertario'. El partido no tuvo éxito en las elecciones de octubre de 2013 y terminó a principios de 2014, pero inició una secuencia de eventos que llevaron al aumento del libertarianismo.

1.40 EL PRESIDENTE JAVIER MILEI, UNA NUEVA ESPERANZA PARA ARGENTINA

Javier era un economista de la Escuela de Chicago trabajando como jefe de economistas para 'Corporación América', propiedad del multimillonario argentino-armenio Eduardo Eurnekian. Pero en 2014 descubrió a los economistas austriacos Ludwig von Mises y Murray Rothbard y se sumergió en el mundo del libertarianismo. Compró todos los libros libertarios que pudo encontrar y conseguir, aislándose en su casa para 'leerlos todos' durante días enteros. Puedes escuchar el relato de Javier sobre esos primeros días si buscas su charla al recibir el Premio Hayek en Alemania, 2024.

Pronto comenzó un programa de radio, apareció en programas de televisión por cable y más tarde fue invitado a la televisión nacional. Su pasión e irreverencia llamaron la atención de la gente y las audiencias de los programas se dispararon. No le importaba insultar a la gente en la cara si eran socialistas, comunistas o de izquierda.

Para Javier, un socialista o un político es simplemente un ladrón, así que, ¿por qué no insultar a alguien que está intentando robarte o matarte? Acumuló un gran número de seguidores en las redes sociales, alcanzando más de un millón de seguidores, y durante la pandemia decidió postularse para diputado en el Congreso Nacional. Obtuvo el 17% de los votos, sorprendiendo a lo que él llama 'el sistema de casta política'. Esperaban que obtuviera alrededor del 5% de los votos.

El ascenso del libertarianismo en Argentina puede verse como una reacción a décadas de impresión de dinero y decadencia, pero debe atribuirse verdaderamente al esfuerzo constante de Javier Milei por impulsar los ideales *anarcocapitalistas* entre la población. Una década completa de trabajo duro, haciendo shows, entrevistas, espectáculos teatrales, sketches cómicos, mítines, clases económicas gratuitas y abiertas en las plazas públicas de los pueblos, y más. Javier dedicó todo su esfuerzo a esto y los resultados lo demuestran.

Dos años después se postuló en las primarias para presidente y quedó en primer lugar entre todos los candidatos de todos los partidos. Los medios y los políticos quedaron devastados. Ahora no podían ignorarlo y tuvieron que invitarlo. Quedó en segundo lugar en las elecciones presidenciales, pero como las elecciones fueron lo suficientemente cerradas, de acuerdo con la Constitución Argentina, se tuvo que hacer una segunda vuelta entre el primer puesto, el oficialista Sergio Massa, y Javier. En esta 'ballotage', Javier ganó con un abrumador 56%.

Javier afirma estar a favor de la "libertad monetaria", cerrando el banco central y dando a los ciudadanos la libertad de elegir la moneda de la economía. Su propuesta incluye la idea de que los ciudadanos deberían ser libres de usar cualquier tipo de dinero privado, no solo el dólar, aunque históricamente el dólar ha sido la moneda de elección en Argentina para protegerse contra la inflación.

He tenido muchos intentos personales de '*orange-pill-him*', enseñándole sobre Bitcoin mucho antes de que se convirtiera en diputado, pero la mayoría de las veces la conversación se quedaba corta después de un par de minutos y él solía responderme: "Sí,

Bitcoin es dinero privado y yo estoy completamente a favor del dinero privado". Siempre me dejaba con ganas de hablar más para asegurarme, como veremos en la siguiente sección del libro, de que entendiera por qué Bitcoin no es simplemente "otro dinero privado". Quería explicarle por qué Bitcoin no es como Ethereum, Solana, etc. Bitcoin está en una liga propia.

Presidente	Termino
Raúl Alfonsin	1983-1989
Carlos Menem	1989-1999 , *DOS TÉRMINOS*
Fernando De La Rua	1999 - 2001
Eduardo Duhalde	2002 - 2003
Néstor Kirchner	2003 - 2007
Cristina Fernandez de Kirchner	2007 - 2015 , *DOS TÉRMINOS*
Mauricio Macri	2015 - 2019
Alberto Fernández	2019 - 2023
Javier Milei	2023 - Presente

Mandatos presidenciales en Argentina desde el retorno a la democracia en 1983

¿Logrará Javier dar la vuelta a un barco que ha estado hundiéndose durante los últimos 100 años? Lo veremos. Está enfrentando al sistema político que ve la política como una forma de vida, a los medios de comunicación y al sistema educativo. Si logra sobrevivir a los próximos dos años y consigue más diputados en las elecciones legislativas, podremos ser testigos de una revolución de la libertad en un país que ha sido castigado por regulaciones al estilo soviético durante el último siglo.

1.41 EL PREÁMBULO

"Nosotros, los representantes del pueblo de la Nación Argentina, reunidos en el Congreso General Constituyente

por la voluntad y elección de las provincias que la componen, en cumplimiento de pactos preexistentes, con el objeto de constituir la unión nacional, asegurar la justicia, preservar la paz interior, proveer a la defensa común, promover el bienestar general y asegurar las bendiciones de la libertad para nosotros, para nuestra posteridad y para todos los hombres del mundo que deseen habitar en suelo argentino: invocando la protección de Dios, fuente de toda razón y justicia, ordenamos, decretamos y establecemos esta Constitución para la Nación Argentina."

La revolución libertaria activada **es una revolución de conciencia.**

Argentina volverá a convertirse en un faro de esperanza para todos los hombres y mujeres trabajadores que deseen habitar su tierra, tal como se establece en el preámbulo de la Constitución Argentina. Tendremos un país que promueva las "monedas privadas" y la libertad monetaria, y Bitcoin encaja perfectamente en esa visión.

Podremos llamar a Argentina un país Bitcoin.

1.42 BITCOIN EN ARGENTINA

Bitcoin ganó popularidad temprana en Argentina. Las primeras historias giran en torno a una lista de correos única llamada EuDemocracia. Otros descubrieron Bitcoin en foros de videojuegos, especialmente en los relacionados con 3Dfx. Los jugadores se dieron cuenta de que, cuando no estaban jugando en sus PCs, podían usar sus tarjetas gráficas para minar este nuevo fenómeno llamado Bitcoin y generar ingresos.

El primer encuentro se organizó en 2012, seguido de muchos más en 2013, que crecieron en tamaño a medida que Bitcoin alcanzaba nuevos máximos históricos. Para mediados de 2013, la comunidad de Bitcoin en Argentina ya había atraído a más de 200 asistentes a sus encuentros. A finales de ese año, Buenos Aires albergó la primera conferencia de Bitcoin en América Latina.

En 2014, Bitcoin encontró su primer hogar físico en América Latina: EspacioBitcoin, un espacio de coworking y centro comunitario que sigue abierto hasta el día de hoy. Posteriormente, se estableció la ONG Bitcoin Argentina, ofreciendo programas educativos continuos desde 2017 hasta la actualidad.

En 2018, la comunidad argentina dio vida a la primera Bitcoineta, una furgoneta de Bitcoin que recorre Argentina y América Latina. Actualmente, hay cuatro Bitcoinetas viajando por el mundo: una en Argentina, una en El Salvador, una en Sudáfrica y una en Europa. Otra Bitcoineta está en proceso para Ghana y África Occidental, con más planes para expandir el mensaje de Bitcoin a nivel mundial.

En este contexto, el peso nacional de Argentina ha experimentado abusos cíclicos y evidentes, llevando a desastres y devaluaciones constantes. Esto se debe a las políticas socialistas y la dependencia de modelos keynesianos, donde imprimir dinero se consideraba una solución mágica a los déficits creados por gobiernos incapaces de frenar el gasto o encontrar una solución. La adopción de Bitcoin como reserva de valor ofrece una alternativa que no está sujeta a la manipulación política o gubernamental.

Mi país sirve como un ejemplo conmovedor de las consecuencias que puede traer la moneda fiat a una nación. **¿Desearías que el tuyo siga un camino similar?**

En las siguientes secciones, exploraré *la solución que ofrece Bitcoin*.

2. ¿Qué es Bitcoin?

2.1 BITCOIN

Bitcoin es el mejor dinero que la humanidad ha tenido jamás y está siendo construido y monetizado en este mismo momento, mientras lees estas palabras. Es la realización concreta de la pregunta: ¿Cómo sería y qué características tendría el dinero ideal? ¿Qué podrías lograr con él que no puedas con la situación actual?

Comencemos por definir cómo sería el dinero ideal para ti. Un dinero ideal representaría el trabajo de tu vida y te permitiría enviar ese trabajo acumulado a través del tiempo y el espacio. Te permitiría almacenar tu riqueza de manera privada; en esencia, podrías mantenerla contigo, guardando la clave literalmente 'en tu cabeza'. Nadie podría saber cuánto tienes o cuánto no tienes. Tendrías la libertad de donarlo a quien desees, o podrías optar por donarlo a toda la humanidad si así lo prefieres.

Este dinero ideal se apreciaría continuamente en poder adquisitivo durante el resto del tiempo, lo que significa que si lo ahorras, podrías comprar más productos y servicios en el futuro de lo que puedes hoy. Crearía incentivos para trabajar y desincentivos para robar. Contribuiría a un mundo más pacífico.

¿Cuáles son las restricciones que la realidad impone cuándo queremos convertir este dinero ideal en una forma concreta?

Todo eso y más es lo que es Bitcoin, y en esta sección del libro te explicaré por qué.

2.2 PREGUNTAS FRECUENTES

Aquí están algunas de las preguntas más comunes que recibo en mis conferencias y cursos:

¿Quién creó Bitcoin?

Bitcoin fue creado por un individuo o un grupo de programadores que trabajaron bajo el seudónimo de 'Satoshi Nakamoto'. Nakamoto publicó un documento titulado

"Bitcoin: A Peer-to-Peer Electronic Cash System" en 2008, en el que se esbozan los principios de la criptomoneda. Este artículo académico fue enviado a una lista de correos de Cypherpunks, y puedes leerlo al final del libro. Los Cypherpunks son codificadores, criptógrafos y matemáticos que creen en la privacidad y en el software libre y de código abierto. También puedes leer en la web el 'Manifiesto CriptoAnarquista' y la 'Declaración de Independencia del Ciberespacio'.

¿Quién es Satoshi Nakamoto?

Satoshi Nakamoto es el creador misterioso y anónimo de Bitcoin. A pesar de diversas investigaciones y especulaciones, la verdadera identidad de Nakamoto *sigue siendo desconocida*. ¿Importa quién es? No, no importa. Satoshi creó un software libre y de código abierto, lo que significa que programó Bitcoin y lo ofreció como *un regalo para que todos lo utilicen*. Este software pertenece al dominio público y, como veremos en secciones posteriores, puede ser utilizado por cualquier persona, incluso por enemigos. Así que no importa si Bitcoin fue creado por la CIA, por la inteligencia rusa, los norcoreanos o incluso por extraterrestres. El código está abierto para que cualquiera pueda verlo y auditarlo, asegurándose de que no haya privilegios, '*puertas traseras*' o fallos de seguridad. Lo que importa es que Bitcoin es discurso y matemáticas. Bitcoin es solo una idea, y *las ideas no pueden ser destruidas por balas*.

¿Cómo funciona Bitcoin?

Bitcoin opera en una red descentralizada sin un punto central de fallo, lo que la hace resistente a los ataques. Las transacciones son verificadas por '*mineros*' y registradas por una red de computadoras (nodos) en lugar de una autoridad central como un banco, en lo que se conoce como una 'cadena de bloques' o **Blockchain**. Puedes pensar en la Blockchain como un libro de contabilidad distribuido en el que cada nodo mantiene una copia. Lo que diferencia a este libro de contabilidad es que la información solo se añade al final del libro, y todo el historial previo de transacciones está disponible para revisión pública. Una vez que la información es añadida, no se elimina ni se modifica, por nadie (veremos por qué esto es una imposibilidad en capítulos posteriores).

Bitcoin puede ser comprado, vendido y transferido digitalmente, utilizando técnicas criptográficas para asegurar la seguridad y la propiedad. Explicaré esto con más detalle en las siguientes secciones del libro.

¿Cuántas Bitcoin hay?

Bitcoin tiene una oferta finita limitada a 21 millones de monedas. Esta escasez está integrada en el protocolo del sistema y está diseñada para imitar la escasez de metales preciosos como el oro. A medida que se extraen más bitcoins, la tasa de nueva oferta disminuye con el tiempo hasta alcanzar el límite máximo de 21 millones.

¿Qué es un 'satoshi'?

Un satoshi, o sat, es la unidad más pequeña de Bitcoin, representando una cien millonésima parte de un solo bitcoin (0,00000001 BTC). Está nombrado en honor a Satoshi Nakamoto, el creador de Bitcoin. Cien millones de sats constituyen un bitcoin completo.

¿Es mejor ahorrar en Bitcoin?

Ahorrar en Bitcoin ofrece varias ventajas, incluyendo protección contra la inflación (creación arbitraria de dinero), resistencia a la censura, portabilidad a través del tiempo y el espacio, y el potencial de crecimiento a largo plazo a medida que la red se monetiza. Debido a la volatilidad actual, es mejor tener una perspectiva a medio o largo plazo al ahorrar en BTC. Además, Bitcoin proporciona soberanía financiera, permitiendo a las personas controlar su riqueza sin depender de intermediarios o gobiernos.

¿Cómo podemos utilizar Bitcoins en la vida cotidiana?

Bitcoin se puede utilizar para diversos fines en la vida diaria, incluyendo compras en línea, remesas, inversiones, pagos transnacionales, micropagos y transacciones entre pares. Su uso está convirtiéndose en algo cada vez más común. Algunos comerciantes y empresas aceptan Bitcoin como forma de pago, y también existen tarjetas de débito de Bitcoin y procesadores de pagos que facilitan el uso de Bitcoin en comercios tradicionales.

2.2 EL MUNDO NO TUVO LIBERTAD MONETARIA HASTA SATOSHI NAKAMOTO

El sistema monetario actual, detallado en la sección de la historia de Argentina, es esencialmente el sistema que se aplica en todo el mundo. La diferencia entre Argentina y el Banco Central de la Reserva Federal, el Banco Central Europeo u otros bancos centrales radica simplemente en el grado o ritmo al que emiten nuevo dinero y devalúan o destruyen sus monedas. Argentina es como un adicto dependiente de la 'próxima dosis', pero cada vez más países del primer mundo están recurriendo a la impresión de dinero como una salida a sus problemas de déficit y deuda.

Los bancos centrales emiten dinero fiduciario, dinero por decreto, de la nada, ya sea imprimiendo billetes o tecleando números en un teclado, creando mágicamente dólares, euros, pesos, etc. Es un sistema diseñado para inflarse, perdiendo constantemente poder adquisitivo. Un sistema que se impone por la fuerza, a través de la coerción del Estado sobre la gente. Nadie, ni siquiera los bancos comerciales, puede crear sus propias monedas privadas y competir con el dinero gubernamental según las leyes y regulaciones.

Esto cambió desde el día en que Satoshi minó el bloque 0 de la cadena de bloques de Bitcoin. Como detallaré en esta sección del libro, Satoshi fue la primera persona en descubrir una manera de crear un sistema que, por su naturaleza y diseño, opera fuera del control y la posibilidad de intervención de los gobiernos. Bitcoin funciona en una dimensión aparte; vamos a profundizar en ello.

2.3 BITCOIN SE BASA EN LAS LEYES DE LA FÍSICA Y LAS MATEMÁTICAS

"No importa cuán grande sea el tamaño de la bomba, nunca resolverá un problema matemático."

— George Boole, matemático y físico británico

Bitcoin establece un sistema que deja a los establecedores de reglas fuera del juego. El objetivo del ethos de Bitcoin es tener un sistema donde las reglas no cambian a menos que sea en un caso de máxima emergencia. Bitcoin elimina la corrupción de tu dinero. Bitcoin elimina la violencia de tu dinero. Bitcoin elimina el robo de tu dinero. Para entender por qué, primero aprendamos sobre las funciones hash.

2.4 ¿QUÉ ES UNA FUNCIÓN HASH Y POR QUÉ ES CRUCIAL PARA ENTENDER BITCOIN?

Una función hash es un algoritmo matemático. No fue inventado por Satoshi. Se utiliza en criptografía y ciencias de la computación para generar una 'firma digital' o 'huella digital' de un conjunto de datos dado. Tú eliges qué datos deseas hashear; pueden ser texto, una imagen, una película, una transacción de bitcoin, un archivo PDF o una base de datos de una empresa. Cualquier cosa que pueda ser convertida a código binario, es decir, ceros y unos, puede ser *'hasheada'*.

Después de seleccionar los datos, los procesas a través de la fórmula matemática de hash, obteniendo un *resultado único* y específico. Afortunadamente, el cálculo manual de la fórmula no es necesario, aunque es posible si así lo deseas. Este proceso de hashing garantiza un resultado consistente y determinista, independientemente del momento o lugar de la computación.

Independientemente de su ubicación o del momento en que realicen la acción, dos personas que apliquen el hash a la palabra "Hello" **obtendrán resultados idénticos**. Bitcoin utiliza una función de hash criptográfica (SHA-256 seguida de RIPEMD-160), que produce una cadena de caracteres distintiva conocida como **hash**.

Si aplicamos la función de hash SHA-256 a la palabra "Hello", obtenemos el siguiente resultado:

'185f8db32271fe25f561a6fc938b2e264306ec304eda518007d1764826381969'

Pero si aplicas el hash a la palabra 'Hello' sin la primera 'H' mayúscula y la sustituyes por una 'h' minúscula, obtienes:

'2cf24dba5fb0a30e26e83b2ac5b9e29e1b161e5c1fa7425e73043362938b9824'

Observa que 'Hello' y 'hello' tienen dos resultados completamente diferentes. Puedes intentar verificar esto por ti mismo visitando el siguiente sitio web:

https://andersbrownworth.com/blockchain/hash

No importa quién seas, ni cuándo ni dónde estés; generarás la misma respuesta que yo para el mismo conjunto de datos. Puedes aplicar el hash a algo tan simple como 'Hello' o a la totalidad de Wikipedia. Puedes *hashear* el archivo de una película completa, una imagen de una puesta de sol, o incluso la base de datos privada de una empresa Fortune 500. La respuesta es determinista.

Otro aspecto a destacar es que, si por ejemplo, después de hashear la imagen de la puesta de sol, decides abrir el archivo en un editor de fotos y cambiar el color de un solo píxel, luego guardas la nueva versión de la foto y la procesas a través del algoritmo de hash, obtendrás un resultado totalmente diferente. El nuevo hash *no guarda ninguna similitud* con el hash anterior de la foto sin modificar. Además, si envías ambas fotos a otra persona para que las *hashee*, obtendrán el mismo resultado que tú.

Otra cosa importante a tener en cuenta es que las entradas—es decir, los datos que puedes someter para ser hasheados—son infinitas en número. No hay límite en la variedad, tipos y tamaños de los datos que puedes hashear. Sin embargo, aquí está lo interesante: el número total de posibles respuestas o salidas del algoritmo SHA-256 es limitado. El '256' en el nombre de la función denota el tamaño de las posibles salidas, es decir, 2 a la potencia de 256, ó 2^{256}.

Eso equivale a esta cantidad de resultados posibles:

115,792,089,237,316,195,423,570,985,008,687,907,853,269,984,665,640,564,039,457,584,007,913,129,639,936

Intenta encontrar una aguja en ese pajar.

Este número se estima en 100 veces menor que el número de átomos en nuestro universo conocido. Esencialmente, es como sugerir que *el número total de respuestas posibles para la función de hash SHA-256 es comparable a la cantidad de átomos en nuestro universo dividida por 100.*

Entonces, en principio es posible que dos cosas completamente diferentes produzcan el mismo resultado al ser *hasheadas*, pero es demasiado improbable que ocurra. Ahora, intenta encontrar esos dos elementos. Es probable que pases miles de años y una cantidad considerable de la energía del universo para descubrir qué dos cosas, al ser *hasheadas*, te dan el mismo resultado.

Pronto veremos cómo Bitcoin utiliza la función de hash en numerosas instancias y para muchos propósitos diferentes.

2.5 TUS BITCOINS SON SÓLO UN SECRETO - EXPLICACIÓN DE LA CRIPTOGRAFÍA DE CLAVE PÚBLICA Y PRIVADA

Si eres capaz de mantener un secreto, podrás mantener tu Bitcoin. Tu Bitcoin, en esencia, no es más que un secreto, es decir, información que debe ser mantenida en privado. Siempre que veas noticias sobre alguien 'hackeando' Bitcoin o leas sobre el robo de Bitcoin, lo que realmente estás leyendo es que alguien ha obtenido acceso al secreto de otra persona. La red de Bitcoin, su protocolo y el sistema en sí no han sido hackeados. Siempre han sido secretos individuales los que se han visto comprometidos, no la red ni la cadena de bloques de Bitcoin en su totalidad.

Todo el modelo de seguridad de Bitcoin descansa sobre un número finito de secretos posibles: 2 elevado a la potencia de 256, el mismo número que vimos en la sección de '¿Qué es un Hash?'.

Entonces, el número total de secretos posibles en Bitcoin es:

115,792,089,237,316,195,423,570,985,008,687,907,853,269,984,665,640,564,039,457,584,007,913,129,639,936

Cada vez que descargas una *Wallet de Bitcoin* en tu teléfono o inicias un *Hardware Wallet* por primera vez, tu billetera selecciona un número aleatorio de ese universo finito de posibilidades. Es casi como si tu teléfono eligiera un átomo del universo como tu contraseña, anotara el número de identificación de ese átomo en la memoria y ahora tengas tu secreto de Bitcoin. Todo el ecosistema de Bitcoin se basa en la suposición de que no habrá dos personas que elijan el mismo número como secreto al ser seleccionados aleatoriamente. Los problemas surgen cuando tu teléfono no es verdaderamente aleatorio, es decir, si estás usando una aplicación maliciosa que selecciona números de un pequeño conjunto de posibilidades, o si intentas elegir un número aleatorio pero fallas en hacerlo.

Esto significa que podrías elegir tu secreto de Bitcoin, que llamamos Clave Privada, simplemente lanzando una moneda o tirando dados y anotando el resultado de tus lanzamientos. Para entender lo que ocurre dentro de tu aplicación de billetera de Bitcoin cuando genera una clave privada para ti, solo toma una moneda y designa Cara como '1' y Cruz como '0'.

Lanzas la moneda 256 veces seguidas y anotas el resultado:

1111111000000001101111111100111010011011111001100010001111011110100100110101010011111110110110110111110010101001100011110010000010111010100000001011100111001110111101101101101110111101101010011001111011001011001110001101111101110001001101110111011011000111 0

Este código binario puede ser traducido a un número natural específico. Si todos los átomos en nuestro universo pueden tener un número de identificación único, entonces has elegido efectivamente un átomo particular como tu contraseña. Guarda ese número.

Nadie, ni siquiera tú mismo, podrá lanzar una moneda nuevamente y obtener la misma secuencia de caras y cruces. Este hecho *protege toda la economía* de Bitcoin. Ahora que hemos generado un secreto personal único, el software de Bitcoin puede deducir cuál es la clave pública y tu dirección de Bitcoin para recibir BTC. Usando la función de hash que aprendimos en la sección anterior, podemos calcular de manera determinista la clave pública para cualquier clave privada dada. Es como calcular tu número de cuenta bancaria a partir de tu contraseña. Elige otra contraseña/secreto y tu número de cuenta bancaria/dirección de Bitcoin *cambiará*. ¿Quieres gastar algunos bitcoins de tu dirección? Entonces, *mejor que tengas tu secreto disponible en algún lugar; de lo contrario, esos bitcoins quedarán congelados para siempre.*

2.6 SI TIENES BTC EN UNA DIRECCIÓN Y PIERDES TU CLAVE PRIVADA, PIERDES EL ACCESO A TU BTC, *PARA SIEMPRE.*

Nadie podrá ayudarte, ni la policía, ni el sistema de justicia, ni el gobierno, ni la fundación de Bitcoin, ni ninguna empresa de Bitcoin, ni siquiera Satoshi mismo si regresara. Bitcoin exige que asumas la **responsabilidad** de mantener un secreto si decides usar Bitcoin.

Puedes sentirte incómodo con la responsabilidad de proteger tu clave privada de Bitcoin, y en ese caso, puedes delegar esa responsabilidad a otra persona. Así es como han surgido los bancos de Bitcoin, los intercambios o las billeteras custodiales—ejemplos de tenencias de BTC donde el custodio del secreto de tus monedas es otro. Sin embargo, te vuelves completamente dependiente de ese tercero. Si deciden no devolverte tus monedas, no lo harán. Incluso podrían decir: "Ups, lo siento, perdí tu secreto" o "Ups, lo siento, alguien me hackeó y robó las monedas". Hay poco recurso para los usuarios de estos servicios, ya que no hay forma de probar si la institución o el actor que guarda la clave no robó los bitcoins ellos mismos. La historia del mundo cripto está llena de relatos de hacks, billeteras mal diseñadas, intercambios comprometidos, CEOs fallecidos que se llevan las claves privadas de los clientes, y proyectos que desaparecen con los fondos de los clientes. La lista es tan extensa e interminable que no puedo reproducirla aquí. Solo puedo sugerir que adoptes este mantra Bitcoiner como parte de tu cultura y comportamiento:

' NO TUS LLAVES, NO TUS MONEDAS'

Si no estás asumiendo la responsabilidad de guardar tus propios secretos, no te sorprendas si confías en que otra persona los guarde por ti y los fondos se pierden.

2.7 ¿QUÉ ES LA MINERÍA?

¿Por qué Satoshi implementó este mecanismo *supuestamente ineficiente y productor de CO^2* llamado minería para producir bloques? ¿Qué intentó lograr y por qué?

La respuesta radica en el intento de Satoshi de replicar las mismas limitaciones físicas del mundo real en el ámbito digital. Antes de Satoshi, toda la información digital podía copiarse y pegarse fácilmente: era solo una colección de ceros y unos que podían replicarse perfectamente con casi ningún costo. La única forma de controlar el acceso o modificar la información era introducir una autoridad central y control—un propietario de los ceros y unos, actuando como un guardián que restringe el acceso.

Satoshi imaginó a Bitcoin como algo que debías ganar mediante esfuerzo. Esto contrasta marcadamente con la moneda fiat, que a menudo parece ofrecer algo por nada. En este sentido, Bitcoin refleja las características del oro y el petróleo. Si deseas poseer oro, debes trabajar para obtenerlo, comprarlo en una tienda o arriesgarte a extraerlo de una montaña con un pico y una pala. En el momento de escribir esto, una onza de oro (31,1 gramos) cuesta alrededor de 2.000 dólares o más de 6 millones de satoshis. Entonces, si tuvieras que adivinar, ¿crees que te costaría menos de 2.000 dólares en equipo, tiempo, gastos como comida y alojamiento, etc., obtener un pedazo equivalente a 31,1 gramos de oro puro de una montaña? Lo más probable es que intentar hacerlo te costaría muchas veces esa cantidad. Por eso, a menudo es más práctico visitar a los comerciantes de oro locales y comprar el metal brillante certificado a ellos.

2.8 BLOCKCHAINS & BLOCKCHAINS

Pero, ¿qué son exactamente esos bloques que estamos minando?

Puedes pensar en un bloque como un grupo de transacciones de Bitcoin que son auditadas por un contable y que este pone su sello de aprobación para confirmar que las transacciones incluidas en el bloque son válidas y, por lo tanto, pueden ser incluidas en el libro de contabilidad de Bitcoin (la blockchain). Estos bloques se emiten aproximadamente cada diez minutos y se numeran secuencialmente. Primero tuvimos el Bloque 0, luego el Bloque 1, después el Bloque 2 y así sucesivamente...

Para esta tarea, este 'contable', al que ahora nos referimos como minero de Bitcoin, recibe un incentivo monetario, un pago. El minero recibe todas las comisiones que las personas han pagado al enviar sus transacciones, además de lo que se llama 'Recompensa por Bloque'. La Recompensa por Bloque son BTC recién emitidos, monedas que no existían/circulaban antes de que ese Bloque fuera minado.

Al principio, los bloques recompensaban a los mineros con 50 BTC recién creados y Satoshi incluyó en el código un mecanismo de 'reducción a la mitad de la recompensa' en el que cada 210.000 bloques (aproximadamente 4 años) esta inflación de BTC se reduce a la mitad. Así, en el Bloque #210.000 en el año 2012, la cantidad de monedas recién creadas por bloque se redujo de 50 a 25. En el bloque número 420.000 se redujo a 12,5 BTC nuevos por bloque. 6,25 BTC para los bloques entre 630.000 y 839.999 y ahora estamos produciendo 3,125 BTC nuevos por cada bloque nuevo desde que hemos pasado del bloque número 840.000.

Algunas personas prefieren llamar a estos períodos de 210.000 bloques 'una época', por lo que en el momento de escribir esto estamos viviendo en la Época 5, ya que hemos pasado por cuatro reducciones de la Recompensa por Bloque.

Ahora que hemos entendido qué es un Bloque y por qué los mineros están incentivados a producirlos, a trabajar muy duro para su emisión, podemos profundizar en lo que hace que una Blockchain sea diferente de cualquier otra forma de base de datos o registro contable: esta forma de almacenar información solo permite agregar información al final del libro de contabilidad. Los nuevos bloques solo se pueden añadir; los bloques anteriores y la información contenida en ellos no se pueden modificar.

Cada Bloque tiene su propio número identificable y su propio número hash único que también sirve como una forma de identificarlo y de probar que la información incluida es parte de ese bloque. Cambia una coma, un número, elimina una transacción o añade una transacción que no estaba allí y, cuando hash todo el nuevo conjunto de datos, obtendrás un hash completamente diferente. Esto nos permite verificar personalmente que un bloque está correctamente hecho y cumple con las reglas de Bitcoin.

Ahora llegamos a la razón por la cual se llama Blockchain: el hash identificador del Bloque #625.427 sirve como un dato requerido para la creación del siguiente bloque, el #625.428. Si no has construido el 625.427, no puedes hacer el 625.428. Y el hash final del bloque 625.428 depende de cuál fue el hash previo. Los bloques están *concatenados* entre sí y, por lo tanto, el hash resultante de un bloque dado depende de lo que ocurrió en *todos los bloques anteriores*.

Supongamos que un actor malicioso quiere entrar y cambiar alguna información, puede ser cualquier cosa, desde la auditoría #490.832. Digamos que alguien de Rusia envió a alguien en Corea del Norte 10.000 BTC y que este 'atacante' quiere cambiar esta información, censurando la transacción eliminándola del bloque como si nunca hubiera sucedido. Para hacer esto, el 'atacante' necesitaría reescribir el bloque sin incluir esa transacción, pero esto nos lleva al hecho de que, dado que todo el bloque necesita calcular su propio hash como identificador, el hash resultante será absolutamente diferente del hash del Bloque antes de la censura de la transacción. Dado que el hash del bloque 490.832 es un dato requerido para la creación del bloque 490.833, cuando introduces el nuevo hash modificado de la historia censurada del bloque en el siguiente bloque, introduces una modificación en el bloque 490.833 y esa modificación invalida el trabajo que se había hecho para el 490.833.

En esencia, todo se desmorona después del 490.832 cuando intentas modificar algo. Cada bloque está vinculado al siguiente a través de esta inclusión del 'hash previo' como requisito. Esta idea brillante ha convertido lo que podrían ser piezas aisladas de auditoría en una cadena que necesita estar en perfecto orden para ser válida. Cambia una coma en un bloque, y invalidas todas las auditorías que vienen después de ese bloque. Todas las alarmas se activan, hay algo mal, inválido y esa cadena no es una cadena válida.

Esta característica ha hecho que la Blockchain sea diferente de todas las formas anteriores de bases de datos. La base de datos de tu banco, donde se registran tus dólares o euros, puede ser editada por alguien. El saldo puede ser actualizado, confiscado, incautado, hackeado, etc. No en la blockchain de Bitcoin. Los bloques anteriores son de solo lectura. La información es pública para que todos la vean y la lean, pero si quieres 'actualizar un saldo', es decir, enviar BTC a otra dirección, necesitas tener la clave privada, construir una transacción, enviarla a la red y esa transferencia de monedas se registrará en uno de los próximos bloques. El pasado, donde han estado esos BTC, permanece sin cambios. La información solo se agrega al final del libro de contabilidad, nunca se modifica.

Así, Satoshi ha creado el almacén de información más seguro que el mundo haya conocido, el más inmutable, el más censurable que existe.

2.8 UN EXPERIMENTO: NUESTRA PROPIA BLOCKCHAIN FALSA DE BITCOIN

Imaginemos por unos minutos que tenemos un grupo de personas para un experimento. Hay 100 participantes, y todos descargamos el software de Bitcoin. Sin embargo, en lugar de convertirnos en usuarios regulares, nodos o mineros, decidimos formar una internet privada entre nosotros. En otras palabras, creamos lo que se llama una '*Intranet*'.

Después de configurar esta internet privada conectando a los 100 participantes, la desconectamos de la internet real, aislándonos en nuestra propia isla de información. Ahora, comenzamos a ejecutar nuestro software de Bitcoin. Como este software no puede sincronizarse con los nodos de la internet real, todo lo que ve son las computadoras de los otros participantes.

Nuestras computadoras le preguntan a las otras computadoras: '*¿Me puedes pasar el historial de la blockchain?*' A lo que el resto de las computadoras responde: '*No hay historial.*' Y así, una nueva blockchain con una nueva historia puede comenzar desde cero. Nuestras computadoras comienzan a minar bloques—Bloque 1, Bloque 2, Bloque 3—y con cada bloque subsiguiente, se crean nuevos bitcoins, 50 nuevos BTC por bloque. Dado que hay muchos participantes en la red, muchas personas comienzan a acumular una cantidad significativa de bitcoins, quizás miles. Nuestras propias computadoras son responsables de toda la minería, y empezamos a competir entre nosotros para ver quién puede minar más bloques y, por lo tanto, ganar más bitcoins. Además, podemos comenzar a enviar BTC entre nuestras carteras, creando toda una historia de transacciones.

Este experimento de nuestra propia red falsa de Bitcoin puede continuar durante semanas, meses o incluso años. Pero para demostrar el punto de toda la historia, de todo el experimento, decidimos conectar nuestra intranet a la internet real. Queremos ver qué hay allá afuera. Inmediatamente, todos nuestros nodos, nuestro software de Bitcoin, reconocen que hay otra historia de eventos—una historia con más bloques acumulados y, fundamentalmente, una historia con más trabajo acumulado dentro de cada uno de estos bloques. La cantidad de trabajo acumulado es algo que se puede calcular verificando los hashes de cada bloque.

Nuestras computadoras entonces continuan...

2.9 LA VERDAD EN LA BLOCKCHAIN DE BITCOIN

Ten esto en cuenta:

La **verdad** es la cadena con el **mayor trabajo acumulado.**

Nuestras computadoras ahora pueden *comparar* las dos versiones de la blockchain, y la historia de nuestro pequeño experimento con 100 personas y 100 computadoras minando se desvanece al compararla con la blockchain real de Bitcoin, con órdenes de magnitud más trabajo acumulado. La diferencia es *abismal...* Nuestras computadoras procederán entonces a *descartar todo lo que hemos hecho durante todo el extenso experimento.* Todo ese balance acumulado, todas nuestras tenencias de Bitcoin *fake*, todo nuestro historial de transacciones, todos los registros de todos los bloques... todo desaparece en un instante... *como si nunca hubiera sucedido.*

Por eso, desde su concepción, Bitcoin ha estado en una carrera para añadir más poder de hashing..

2.10 LA ALINEACIÓN DE INCENTIVOS O CÓMO SE CONSTRUYE BITCOIN PARA LOS ENEMIGOS

Satoshi encontró una manera de coordinar a personas y entidades para que cooperen hacia un objetivo común. A través de los incentivos correctos, hizo posible la existencia de la *Blockchain de Bitcoin*, que ha funcionado perfectamente desde su lanzamiento. Cualquiera puede unirse a la red, cualquiera puede dejar la red; no hay una policía de la red que conceda o niegue el acceso para leer la blockchain, publicar una transacción válida o escribir un nuevo bloque válido. Satoshi se aseguró de que sea mas rentable, que esté en el interés *propio* de cada participante, cumplir con las reglas del protocolo. Intentar hacer trampa solo resulta en pérdida de dinero. Ese mismo esfuerzo, dirigido hacia el cumplimiento del protocolo, genera una ganancia. Esta simple elección entre perder y ganar satoshis es lo que ha mantenido la blockchain en funcionamiento. El *egoísmo* se convierte en servicio a los demás, y hacer trampa o robar no es recompensado. En este sentido, no podemos saber si, en este mismo momento, un dictador en Venezuela está minando Bitcoin junto con la CIA, la mafia rusa o el Partido Comunista Chino. Enemigos en el mundo real se comportan como caballeros en la Blockchain de Bitcoin. Bitcoin es neutral, la moneda más neutral que jamás haya existido. Todos los adversarios pueden unirse a la red y usar una moneda común que no está controlada por ninguna parte.

2.11 LA INMACULADA CONCEPCIÓN DE BITCOIN

Bitcoin es el dinero más justo que existe. Satoshi anunció Bitcoin al publicar el *'white paper'* en una lista de correo el 31 de octubre de 2008. Dio al mundo un aviso anticipado antes de lanzar oficialmente la red y la blockchain en el Bloque Génesis número cero el 3 de enero de 2009. Para demostrar que la cadena comenzó ese día y no antes, incluyó el titular de un periódico del día, "The Times: Chancellor on the brink of second bailout to banks" ("El Canciller al borde del segundo rescate a los bancos"). A partir de ese momento, cualquiera podía participar y unirse a la red. Bitcoin comenzó con los primeros 50 nuevos bitcoins del Bloque Génesis, y cualquiera podía descargar el software de Bitcoin y empezar a minar 50 nuevos bitcoins por bloque. Satoshi dio a todos una oportunidad igualitaria de participar. Esto contrasta fuertemente con la mayoría de las monedas lanzadas hoy en día, donde los "líderes de la moneda" emiten monedas de la nada y se asignan una parte considerable para ellos mismos.

2.12 BITCOIN ES LENTO A PROPÓSITO

Muchos argumentan: "*¡Pero Bitcoin es una tecnología antigua! ¡Solo puede manejar 7 transacciones por segundo, mientras que Visa puede manejar 10.000!*" Esto es cierto. Bitcoin solo puede procesar un puñado de transacciones por segundo, pero esta limitación es deliberada y con un propósito, no un defecto técnico o un diseño obsoleto. Los bitcoiners intencionalmente elegimos tener un bajo rendimiento. La idea detrás de la blockchain de Bitcoin es crear un libro mayor público, inmutable e incensurable para la eternidad. Imagina si escribiéramos 10.000 transacciones por segundo en lugar de solo 7. El tamaño de la base de datos crecería proporcionalmente, alcanzando miles o incluso millones de gigabytes. Tu blockchain se volvería de terabytes y petabytes de tamaño. Una idea clave detrás de la descentralización es que la "ligereza" de la blockchain de Bitcoin permite que la mayoría de las computadoras regulares tengan una copia completa de la blockchain y verifiquen por sí mismas la integridad y validez de todos los bloques. En secciones posteriores, exploraremos cómo Bitcoin puede superar estas limitaciones autoimpuestas y convertirse en una moneda utilizada por millones y miles de millones de personas.

2.13 LAS 'BLOCK SIZE WARS'

El debate sobre cuántas transacciones podría manejar Bitcoin en cada bloque surgió durante 2016 y 2017, conocido como las *'block size wars'* ó *'Guerras del Tamaño de Bloque'*. Algunas personas propusieron eliminar el límite de solo 1 MB de información por bloque, inicialmente a través de un cliente/software llamado 'Bitcoin Unlimited'. Esta propuesta significaba que Bitcoin no tendría un límite en el número de transacciones que podrían incluirse en cada bloque.

Podrían ser 2.000, 20.000, 200.000—lo que el minero decidiera incluir. Cada transacción pagaría una tarifa al minero, cubriendo el costo del espacio en el disco duro, el ancho de banda de internet y otros gastos. Habría un precio de mercado para cubrir todos estos costos.

El problema con este modelo es que en la blockchain de Bitcoin, hay nodos responsables de mantener una copia de la blockchain, verificar su integridad y retransmitir información y transacciones entre nodos, ya sean nodos mineros o no mineros. Operar un nodo no minero, un nodo de Bitcoin regular, es un esfuerzo puramente benévolo y desinteresado. Estos nodos no ganan dinero con las tarifas de transacción o las recompensas de bloque. Si los bloques fueran de tamaño ilimitado, los costos de ejecutar uno de estos nodos personales se dispararían, y solo los mineros podrían permitirse mantener una copia completa de la blockchain de Bitcoin en sus discos duros.

Afortunadamente, la idea de 'Bitcoin Unlimited' fue pronto descartada, pero se convirtió en 'Bitcoin Cash', una actualización que multiplicaría por 8 la capacidad de cada bloque, aumentando la capacidad de 1 a 8 MB por bloque. Algunos bitcoiners famosos de esa época respaldaron esta propuesta y así comenzó la guerra. Fue una guerra de ideas con debates públicos, debates en YouTube, en foros, listas de correo, etc.

La belleza de Bitcoin es que no tiene un líder. Satoshi nos dio el camino, de modo que no nos dirigimos a él en busca de consejo, orientación o dirección. Ningún grupo establecido controla la red y eso se demostró gracias a estas guerras del tamaño de bloque. Mineros, operadores de nodos, usuarios, intercambios y procesadores de pagos tenían cada uno sus propias opiniones distintas.

Hubo un grupo que también se formó alrededor de la idea de hacer una ligera actualización a solo 2 MB, llamada Segwit 2X. Fue entonces cuando los usuarios se unieron bajo la bandera de UASF, 'Fork Blando Activado por el Usuario', lo que significaba que los operadores de nodos podían señalar su intención de oponerse al cambio de Segwit 2X. Dado que hay más nodos de usuario que nodos mineros, se demostró que los *operadores de nodos tienen el poder* y el cambio a Segwit 2X *no se realizó*.

La facción de Bitcoin Cash sí logró proponer la modificación y así se creó el primer *gran fork* de Bitcoin.

2.14 'FORKS', DUROS Y BLANDOS

Bitcoin Cash es un 'hard fork' de Bitcoin. En programación, un *fork* se refiere a la **divergencia** de un proyecto de software, haciendo mejoras en el código o llevándolo en una **nueva dirección**. Esto significa un *cambio* en el código de Bitcoin, en el protocolo y en las reglas, que puede clasificarse en dos tipos: el *soft fork* (*blando*) y el *hard fork* (***Duro***).

Un *'soft fork'* es un cambio en el código que sigue siendo compatible con versiones anteriores. La comunidad de Bitcoin suele optar por este enfoque cuando se introducen modificaciones y mejoras en el código de Bitcoin. Esto significa que, si estás utilizando una versión anterior del software en una máquina más antigua, aún puedes comunicarte y operar con otros miembros de la red que estén utilizando versiones más recientes. Un 'soft fork, por ejemplo, podría considerarse una restricción autoimpuesta. Una ilustración típica de este concepto es si el límite de velocidad máximo en una autopista es de 120 km/h, y todos eligen viajar a 80 km/h en lugar de a 120 km/h. Viajar a 80 km/h está dentro del límite de 120 km/h, por lo que no viola la regla. De manera similar, en el contexto de Bitcoin, un soft fork podría implicar producir bloques de 0,5 MB en lugar de bloques de 1 MB. Los soft forks son compatibles con versiones anteriores y, a menudo, son muy desafiantes de crear e implementar.

La otra opción es realizar un *'hard fork'*. Un hard fork implica hacer modificaciones *incompatibles* con las versiones anteriores del software. Un ordenador actualizado no puede comunicarse con un ordenador que no ha sido actualizado a la nueva versión del código. La ética y cultura de Bitcoin es tratar de evitar este tipo de fork a toda costa, excepto en casos de emergencia absoluta.

Bitcoin Cash *introdujo un hard fork*, lo que provocó que todos los ordenadores que *no adoptaron las nuevas reglas se volvieran incompatibles con aquellos que sí lo hicieron*. Como resultado, la historia de la blockchain se dividió. Bitcoin y Bitcoin Cash comparten la misma historia común hasta el día del fork, el 1 de agosto de 2017. Después de ese día, todos los bloques y transacciones se desviaron, y las transacciones se volvieron diferentes, lo que condujo a diferencias irreconciliables entre las dos cadenas.

Recuerdo muy bien el día del fork y las horas previas. Muchos se preguntaban qué pasaría con el precio de Bitcoin. ¿Se dividiría equitativamente entre las dos monedas? Y luego, ¿se movería rápidamente hacia una u otra? Lo que terminó sucediendo fue que el precio de Bitcoin se mantuvo relativamente estable, mientras que esta nueva moneda encontró su propio precio. Si tenías Bitcoin antes del fork, eso significaba que ahora tenías esos Bitcoins en dos cadenas diferentes, cada una con su propio precio. Era como si hubieras recibido dinero nuevo gratis. Sin embargo, lo que no fue gratis fue la campaña de marketing que los defensores de Bitcoin Cash han estado llevando a cabo desde entonces, tratando de afirmar que ellos son el verdadero Bitcoin, la visión de Satoshi sobre lo que Bitcoin debería ser. Esto ha llevado a confusión entre los recién llegados, que podrían creer erróneamente que están comprando el Bitcoin original cuando, en realidad, hoy en día Bitcoin Cash vale solo alrededor del 1% de lo que vale Bitcoin. Bitcoin Cash, conocido por la abreviatura BCH, ha sido un fracaso espectacular.

Este fork generó una nueva moda de crear forks de Bitcoin, como Bitcoin Gold, Bitcoin Private, Bitcoin Diamond, y Bitcoin Proof of Stake. Todos ellos resultaron ser fracasos mayores que BCH. Incluso los seguidores de BCH no pudieron contener su ethos de hard fork y comenzaron a pelear y dividirse entre sí en forks más pequeños y cada vez más irrelevantes.

2.15 ¿CUÁN INMUTABLE ES EL CÓDIGO BITCOIN?

Por lo tanto, llegamos a una conclusión muy importante. La manera de mantener a Bitcoin como Bitcoin, de conservar la finitud de los 21 millones de monedas y la previsibilidad de la expansión monetaria, radica en el hecho de que *las reglas permanezcan inalteradas*. Esto es parte fundamental del ethos de Bitcoin. Si quieres considerarte un Bitcoiner, debes defender este principio. Los Bitcoiners no comprometen este principio ético. Para eso ya existen el resto de las monedas fiat y las criptomonedas alternativas. No es una democracia. Bitcoin es un sistema de creencias, y podemos defenderlo resistiendo los cambios en los valores fundamentales de Bitcoin. Si un grupo de personas quiere tener 100 millones de monedas, pueden hacer un hard fork de Bitcoin y crear su propia red con 100 millones de monedas. Si desean tener un suministro ilimitado de monedas y ser como la moneda fiat, que tengan su propio Bitcoin Fiat. Lo hermoso de esto es que no podrán obligarte a actualizar el software. Podemos preservar la inmutabilidad de Bitcoin mientras nosotros, los Bitcoiners, mantengamos este *ethos* de Bitcoin. Dejemos que los defensores de las monedas fiat tengan su propio Bitcoin Cash, Ethereums, y demás.

2.16 ¿Y SI SURGEN LOS ORDENADORES CUÁNTICOS?

Algunas personas están preocupadas por la posibilidad de que en el futuro surjan computadoras cuánticas capaces de realizar cálculos que potencialmente podrían romper el algoritmo de hash SHA-256. Si bien aún está por verse si ese día llegará, si ocurre, las computadoras cuánticas representarían una amenaza no solo para Bitcoin, sino también para la seguridad de bancos, gobiernos, servicios públicos y otras entidades.

Una posible solución a este problema es actualizar el protocolo para usar la función SHA-512. A primera vista, podría parecer que 512 es simplemente el doble del tamaño de 256, pero no es así. Recuerda que estamos tratando con potencias. Entonces, mientras que SHA-257 sería, de hecho, el doble del tamaño de SHA-256, SHA-258 sería cuatro veces mayor, y así sucesivamente.

¿Qué significa tener 512 en lugar de 256? Recuerda cuando mencioné que 2 elevado a la potencia de 256 es casi igual al número de átomos en el universo.

Una analogía que suelo usar es imaginar que tener una función SHA-512 es similar a que cada átomo en nuestro universo contenga dentro de sí otro universo de igual tamaño. Entonces, si una computadora cuántica intentara calcular todas las respuestas posibles, necesitaría navegar a través de los átomos de nuestro universo. Comenzaría examinando el primer átomo, solo para encontrar otro universo dentro de él. La computadora cuántica entonces necesitaría calcular todos los átomos dentro de ese universo en miniatura antes de pasar al siguiente átomo en nuestro universo, que también contiene otro universo dentro de sí. Este proceso continuaría indefinidamente para cada átomo en nuestro universo...

Aquí está el número total de 2^{512} según Wolfram Alpha:

13.407.807.929.942.597.099.574.024.998.205.846.127.479.365.820.5
92.393.377.723.561.443.721.764.030.073.546.976.801.874.298.166.9
03.427.690.031.858.186.486.050.853.753.882.811.946.569.946.433.6
49.006.084.096

Hay dos posibles escenarios sobre la aparición de las computadoras cuánticas. Un escenario involucra a una sola parte, ya sea una empresa o un gobierno, desarrollando la tecnología y manteniéndola en secreto, sin que el resto del mundo tenga acceso a la misma tecnología de computación cuántica. Este es el peor escenario posible. Recuerda que la verdad de la cadena de bloques de Bitcoin se define como "*La cadena con la mayor cantidad de trabajo acumulado*". Si alguien llega con esta tecnología y comienza a minar, podría desarrollar una mayoría de poder de hash, dominar la emisión de nuevos bloques y censurar transacciones. Los usuarios de Bitcoin tendrían que idear algún mecanismo para sortear este ataque. El resultado de tal intento aún está por determinarse.

El segundo escenario, más positivo, es aquel en el que las computadoras cuánticas comienzan a entrar en uso de manera gradual y no por un solo actor, sino de forma descentralizada. Si esto ocurre, los incentivos de cómo está diseñado Bitcoin hacen que sea más rentable utilizar esas computadoras en la minería de Bitcoin que intentar usarlas para hackear el secreto de Bitcoin de alguien. En este escenario, veríamos un aumento progresivo en la potencia de cálculo y nos daría tiempo para considerar si se requiere un algoritmo de hash más difícil.

2.17 LA BLOCKCHAIN BITCOIN COMO EL LIBRO DE CONTABILIDAD MÁS INMUTABLE JAMÁS CREADO POR LA HUMANIDAD

Satoshi nos ha otorgado la base de datos más segura que jamás hemos ideado. Es un registro público y abierto de información, que da la bienvenida a la participación de cualquier persona. Los individuos pueden acceder a la información, verificar su exactitud, y aquellos que crean transacciones válidas de Bitcoin pueden contribuir perpetuamente con nuevos datos a este registro para siempre. Lo que Satoshi nos ha dado es la base de datos más difícil de alterar del mundo. Otras bases de datos comunes utilizadas por gobiernos, bancos y corporaciones son modificables. Alguien con acceso de administrador (ya sea el propietario, administrador o un hacker) a la base de datos podría manipular los datos y alterar las reglas que la gobiernan. Otro problema con este modelo es que alguien puede ser hackeado o suplantado, lo que resulta en la modificación, alteración o eliminación de todos los datos dentro de la base de datos. Satoshi nos ha proporcionado un registro público en el que podemos ingresar nueva información, asegurando que permanezca preservada durante toda la historia de la cadena de bloques. Ni siquiera los gobiernos más poderosos ni las organizaciones maliciosas pueden alterar un dato una vez que ha sido incluido en un bloque de Bitcoin.

En cada transacción de Bitcoin, existe un campo de texto abierto conocido como OP_RETURN. Este campo permite la inclusión de un texto corto, como "Te amo, María", o la prueba de existencia de cierto dato en un momento específico. Lo que la cadena de bloques no puede hacer es verificar la veracidad de tal afirmación o dato. Puedo escribir para siempre que amo a María, pero eso podría ser una mentira. La temperatura de un producto cárnico que pasa por una cadena de suministro también podría ser una mentira. Puedes escribir verdades o mentiras en la cadena de bloques de Bitcoin, para siempre. Una vez que la información se registra en un bloque de Bitcoin, se vuelve inmutable. Ni María ni nadie más pueden alterar o borrar el mensaje, incluso si a ella no le gusta. Si más tarde decides retractarte de tu amor por María, solo puedes agregar un nuevo mensaje en la cadena de bloques de Bitcoin diciendo, "Ya no amo a María". Eso es lo único que se puede hacer.

La cadena de bloques de Bitcoin es el registro más incensurable, neutral, inmodificable e incorruptible en la historia de la humanidad, y eso es algo muy poderoso. Puedes usarla para demostrar que algo existió en un momento determinado. Puedes introducir texto plano, pero si la información es grande, puedes introducir una versión condensada de tu información: su firma identificable, o un hash de la información. Introducir hashes en lugar de texto plano en la cadena de bloques tiene la ventaja de proteger información sensible. Los curiosos no pueden determinar qué representa el hash; solo la persona con los datos originales y el hash puede descifrarlo. Esta persona puede luego elegir con quién compartir los detalles detrás del hash.

2.18 UNA EMISIÓN CONOCIDA Y PREVISIBLE & MINERÍA POR INTERÉS PROPIO

La subvención actual por bloque, al momento de escribir esto en 2024, es de 3,125 BTC por cada nuevo bloque. Cada 210.000 bloques, esta recompensa por bloque, como regla monetaria establecida por Satoshi desde el principio, se reduce a la mitad. Durante la primera fase, fue de 50 BTC por bloque; luego, en el bloque 210.000, se redujo a 25 BTC por bloque; después, en el bloque 420.000, se redujo a 12,5 BTC por bloque; y actualmente está en 3,125 BTC por bloque desde el bloque 840.000. Una vez que alcancemos el bloque número 1.050.000, se reducirá a 1,5625, y a 0,78125 en el bloque número 1.260.000, aproximadamente en el año 2032. Si logras asegurar 0,78125 BTC en 2024, tendrás la misma cantidad de BTC que los mineros obtendrán en conjunto por cada bloque dentro de menos de 8 años.

Satoshi diseñó el sistema para incluir las comisiones de los mineros, que son las cantidades recolectadas de cada entidad que envía una transacción de BTC como una propina para los mineros. Esta "propina a los mineros" determina la rapidez con la que tu transacción es auditada y procesada. Los mineros son entidades egoístas que intentan ganar la mayor cantidad posible de satoshis, por lo que eligen del mempool —el espacio de almacenamiento para transacciones no confirmadas dentro de cada nodo de la cadena de bloques en la red— aquellas transacciones que son más atractivas en términos de comisiones.

Ha habido bloques en el pasado donde las comisiones de los mineros sumaban un valor superior al subsidio del bloque de monedas recién creadas. Eventualmente, esto ocurrirá con más frecuencia hasta que la mayoría de los bloques se creen con cantidades de comisiones más altas que la inflación de bitcoin en la oferta total. Ahora, las grandes preguntas en la mente de muchos en todo el mundo son: ¿Bastarán las comisiones de los mineros para pagar toda la infraestructura global de minería? ¿Cuánto pagarás para incluir una transacción de Bitcoin? Mi predicción es que será similar a las cantidades que estamos pagando hoy cuando se expresan en satoshis, no en términos de dólares.

Imaginemos un precio de un millón de dólares por Bitcoin. Cada satoshi entonces valdría alrededor de 1 céntimo. Si tenemos 1000 sats como comisión de transacción, eso significa que la comisión será equivalente a pagar 100 USD para mover dinero. Si puedes incluir alrededor de 2700 transacciones por bloque, eso equivale a una recompensa de alrededor de 2,7 millones de satoshis por bloque o 0,027 BTC por bloque. Recuerda que el tamaño promedio actual de una transacción de Bitcoin es de alrededor de 0,4 BTC o 40 millones de satoshis. Esa transacción promedio será de alrededor de 400.000 USD. Pagar una comisión de 1000 satoshis para mover 40 millones es un buen precio por acceder a la red de pagos más segura y descentralizada. Pagar el equivalente de 100 USD por mover 400.000 USD.

¿Qué sucederá cuando la recompensa del bloque, es decir, la cantidad de bitcoins recién creados en cada bloque que sirve como incentivo para que los mineros mantengan la seguridad de la cadena de bloques de Bitcoin, se reduzca a números insignificantes? Vamos a profundizar un poco en esta suposición.

¿Cuánto presupuesto necesita la red de Bitcoin para mantener la seguridad de la cadena de bloques y defenderse de los atacantes? El número exacto es desconocido, pero algunos lo comparan con los presupuestos de gastos militares de naciones soberanas. Proponen cifras alrededor del 3%, 2%, 1% o incluso tan bajas como el 0,5% del PIB de un país. ¿Necesitamos el 3% o solo el 0,5% de la capitalización de mercado de Bitcoin para ser consumido por la infraestructura minera?

No podemos determinar eso a priori. Todo lo que podemos estimar es que cuando ocurra la *Bitcoinización*, los grandes poseedores de bitcoins estarán interesados en asegurar su inversión. No importa si es un empresario tecnológico, un fondo de cobertura, un intercambio de Bitcoin o un gobierno soberano que ha adoptado el estándar Bitcoin para su tesorería. Si las comisiones de los mineros no son suficientes para un nivel adecuado de seguridad, predigo la minería egoísta. Esto significa que será en el mejor interés de los mayores poseedores de Bitcoin comenzar a minar, no solo para garantizar un número suficiente de hashes por segundo para disuadir ataques a la red, sino también para garantizar la descentralización de la red.

Bitcoin es una red que cualquiera puede usar, y tu mejor interés es usarla y mantenerla descentralizada. Tienes naciones soberanas que poseen fondos en bitcoins unirse a la carrera del hash, la carrera que Satoshi comenzó y no puede terminar. Tú decides, como un gran poseedor, cuánto de tu reserva decides invertir para asegurar la red en su totalidad. Esto es lo que llamo minería egoísta; en interés de asegurar tu porción de la red de Bitcoin, estás asegurando la porción de todos.

2.19 LA CARRERA DEL HASH

Satoshi inició la 'carrera de los hashes', y ahora no se puede detener. Se necesitará agregar continuamente más poder de procesamiento a la red por el resto del tiempo. Esto no significa que Bitcoin consumirá los recursos del planeta o toda la energía del universo. No. Lo que significa es que solo una parte de nuestro consumo energético se dedicará a asegurar el valor económico de todos los participantes. Simplemente debe ser suficiente para disuadir a los atacantes de intentar beneficiarse utilizando energía para atacar Bitcoin. Una ventaja de este esquema es su superioridad sobre las realidades pasadas, donde el valor económico principal residía en las tierras, lo que incentivaba las conquistas y las guerras. Hoy en día, el valor económico está encapsulado en la información; puede estar representado por una clave privada, que puede ocultarse donde sea que la información pueda esconderse.

Esta nueva realidad cambiará la naturaleza de la guerra; será antieconómico obtener tierras a través de la guerra, ya que la tierra será mucho menos valiosa en relación con lo que los sats pueden ofrecerte. La tierra y los bienes raíces serán desmonetizados, junto con el valor que actualmente se encuentra en acciones y bonos; toda la riqueza fluirá hacia el activo de mejor rendimiento: Bitcoin, el principal bien inmobiliario del dominio digital y la piedra angular de la economía mundial.

2.20 RED LIGHTNING

La 'Lightning Network' es un 'protocolo de segunda capa' propuesto como una solución a la limitación autoimpuesta del tamaño de los bloques en Bitcoin. Permite que las transacciones de Bitcoin se realicen sin que cada transacción sea registrada en la blockchain de Bitcoin, al tiempo que garantiza la certeza del pago. Los usuarios pueden crear canales de pago seguros entre ellos.

Para explicar cómo funciona la Lightning Network, primero hablaré sobre una tecnología fundamental que existía en Bitcoin antes de la Lightning Network: los 'Canales de Pago'.

2.21 PAYMENT CHANNELS

Los canales de pago permiten que dos nodos de Bitcoin abran un canal de pago entre ellos. En este caso, el Usuario A abriría un canal con el Usuario B y asignaría una cantidad específica de Bitcoin entre ambos. Para entender mejor cómo funciona, voy a dar dos ejemplos. Imagina que vas a un bar y este bar vende cervezas por Bitcoin.

Para simplificar los números, cada cerveza cuesta 0,1 BTC. Tienes planeado beber varias cervezas esta noche, pero no estás seguro de cuántas, aunque sí sabes que no quieres pagar comisiones de mineros cada vez que pidas una cerveza. Así que te acercas al dueño del bar y le dices: "¿Qué te parece si abrimos un canal de pago? Apartaré un bitcoin entero entre mi dirección y la tuya, y luego podremos ir descontando de ahí". El dueño del bar está de acuerdo, y entonces realizas una transacción de Bitcoin que retiene la cantidad de BTC que tenías entre tu dirección y la suya. Pagas las comisiones de mineros, y puedes ver la transacción en la blockchain de Bitcoin. El dueño del bar también puede hacerlo.

Luego le dices al camarero: "Quiero una cerveza, por favor". El camarero responde: "Eso será 0,1 BTC". Dices: "Está bien", pero en lugar de hacer una transacción típica de 0,1 BTC que se transmite a toda la red, simplemente creas una firma digital usando tu teléfono. Esto crea una transacción válida en la que 0,1 de ese bitcoin entero que apartaste entre las dos direcciones ahora se asigna a la dirección del dueño del bar, y 0,9 permanece asignado a tu dirección, que es el cambio restante después de descontar 0,1 de 1. Aunque esta transacción no se transmitió en línea, el dueño del bar puede verificar la validez de la transacción por sí mismo.

Solo el propietario de la clave privada podría producir una firma válida, enviando 0,1 en una dirección y 0,9 como cambio. El dueño del bar se siente satisfecho, sabiendo que si quisiera, podría transmitir la transacción a la red de Bitcoin y cerrar el canal, con 0,1 asignado a su dirección y 0,9 asignado a ti como cambio. Confiando en la tecnología, te entrega una botella de cerveza fría.

Te la bebes y luego pides otra. "Claro, no hay problema", dice el camarero, "solo envía otra firma digital autorizando el pago". Esta vez, la transacción es por 0,2 que va al dueño del bar y 0,8 que te regresa como cambio. Te bebes la cerveza y pides otra. Ahora haces una firma digital por 0,3 y 0,7, y así sucesivamente.

Esto podría continuar hasta que hayas bebido 10 cervezas, y todo el Bitcoin se asigne a la dirección del bar, dejándote sin cambio. Sin embargo, imaginemos que, en lugar de gastar todo el Bitcoin, después de seis cervezas te emborrachas mucho y decides salir del bar con una mujer de aspecto sospechoso.

El dueño del bar no necesita nada más de ti; simplemente toma la última firma digital que le proporcionaste y la envía a la blockchain de Bitcoin para cerrar el canal de pago. Se pagan las comisiones de mineros y se liquida el saldo: 0,6 BTC van a la dirección del bar, y 0,4 BTC regresan a ti como cambio. A pesar de que hubo seis pagos diferentes durante la noche, la blockchain de Bitcoin solo vio dos transacciones: la apertura y el cierre del canal de pago. Entre la apertura y el cierre, podrían haber ocurrido cientos, miles o incluso millones de pagos entre los dos participantes, si así lo hubieran decidido. Estas autorizaciones de pago son privadas, instantáneas y sin costo. Solo estás limitado por lo que tus dos ordenadores puedan manejar.

Este es un resumen de cómo funcionan los canales de pago. Es una tecnología que ha estado disponible en Bitcoin durante años, pero que en gran medida no se ha utilizado.

2.22 VOLVER A LA RED LIGHTNING

A principios de 2016, Joseph Poon y Thaddeus Dryja publicaron un white paper en el que anunciaban la idea de crear la 'Lightning Network' como una solución de pagos instantáneos fuera de la cadena para las limitaciones de escalabilidad de la blockchain de Bitcoin. Propusieron crear una red de canales de pago que conectaran entidades y enrutarán los pagos.

Ejemplo:

Alice abre un canal Lightning con Bob y aporta 1 Bitcoin completo al canal. Esta transacción se registra en la blockchain y paga las comisiones de mineros. El canal Lightning les permite enviarse y recibir BTC entre ellos hasta que decidan cerrar el canal, lo que se hace transmitiendo una transacción que liquida el saldo final, pagando también las comisiones de mineros. Entre la apertura y el cierre del canal, podrían haber realizado docenas, cientos o incluso miles de transacciones entre ellos, ninguna de las cuales se registró en la blockchain de Bitcoin, ahorrando tiempo y comisiones.

Ahora imaginemos que Bob abre otro canal con 59 millones de sats (0.59 BTC) con Carter, y Carter había abierto previamente un canal de 11 millones de sats con María. Lo que permite la Lightning Network es la capacidad de encontrar rutas y conexiones entre usuarios. Así, si Alice quiere enviar sus sats a María, puede hacerlo enrutando el pago a través de Bob y Carter.

Funciona de la siguiente manera: Alice le dice a María que quiere pagarle un millón de sats a través de Lightning. María abre su aplicación de Lightning Wallet, y la app genera una "factura" por un millón de sats en forma de un código QR. Este código QR permite que la app de Alice comience a buscar una ruta para llegar a María. Afortunadamente, hay una disponible a través de Bob y Carter.

En el momento en que María crea la factura para recibir el pago, su aplicación también genera un secreto que solo ella guardará por ahora. Este secreto se almacena en la memoria de la app; María no necesita ver el secreto para que esto funcione. La app de Alice encuentra una ruta y crea un paquete que se enviará a Bob. Este paquete está construido en capas, de modo que Bob lo recibe y, utilizando sus claves privadas, puede desbloquear una capa, como si estuviera pelando una cebolla, y ver que Alice le está asignando poco más de un millón de sats, y que el siguiente destino del paquete es Carter. Esta transferencia ha modificado el saldo en su canal. Al principio, Alice tenía un millón de sats a su nombre y ahora ha autorizado a Bob para ser el propietario de esos sats. Pero si Bob quiere cobrar su comisión de enrutamiento, debe asignar algunos de sus sats a Carter. Finalmente, Carter envía un millón de sats a María y puede cobrar su comisión de enrutamiento.

Recuerda que Alice y Bob habían abierto previamente un canal entre ellos que contenía un Bitcoin completo. El saldo en este canal podría haberse distribuido de cualquier manera; Alice podría poseer el

Bitcoin, Bob podría poseer el Bitcoin, o en algún punto intermedio como 60% para Alice y 40% para Bob. Si comenzaron con un saldo de 60 millones de sats a favor de Alice y 40 millones de sats para Bob, esta nueva transacción actualiza el saldo entre ellos.

Ahora, el saldo de Alice es de 59 millones de sats, y el saldo de Bob aumenta a 41 millones de sats. Bob toma el paquete y lo redirige a Carter. Bob ve el paquete proveniente de Alice y lo envía a Carter, pero no conoce el destino final, que es María. Ahora Carter puede abrir el paquete con su clave privada y ver que hay una transferencia de un millón de sats a María, por lo que su saldo con Bob aumenta en un millón y su saldo con María disminuye en un millón. María desbloquea el último paquete con su clave privada y encuentra el pago de un millón de sats que se originó con Alice.

María solo puede ver que el pago llegó a través de Carter, su única conexión en la red Lightning. Para reclamar definitivamente el millón de sats como suyo, necesita revelar a todos en la cadena el secreto que la app eligió en el momento de la creación de la factura. Esta revelación del secreto es lo que garantiza a Alice que el millón de sats llegó efectivamente a María y no se perdió o robó en el camino. La única manera de que el saldo de cada conexión se ajuste a los nuevos valores es que todos puedan hacerlo, no solo algunos en la cadena.

Ahora te preguntarás, ¿por qué Bob y Carter se ofrecerían voluntariamente para ayudar a Alice a llegar y pagar a María? La respuesta radica en que Bob y Carter han ofrecido sus servicios a cambio de una tarifa. No fue gratis. Cuando la app de Alice intentaba encontrar una manera de llegar a María, la app revisó todas las rutas posibles y preguntó a cada intermediario en el camino: ¿Cuál es tu precio si te utilizo? Cada intermediario en la cadena de conexiones de pares puede elegir el precio que cobra por ser utilizado como mecanismo de enrutamiento. Si el precio es demasiado alto, tu app puede elegir un camino diferente.

Si no hay ninguna alternativa disponible, ese será el precio que tendrás que pagar. Si no te gusta el precio de Lightning, podrías optar por pagarle a María a través de la cadena de bloques de Bitcoin convencional con BTC que tengas fuera de Lightning. A veces, puede que no haya ningún camino que te conecte con otra persona.

Otra limitación de la red Lightning es que cada canal se convierte en un cuello de botella para la cantidad de dinero que se puede enrutar a través de él. Carter había abierto un canal de solo 11 millones de sats con María, así que si Alice intentara enviarle a María 21 millones de sats, no podría hacerlo porque la última conexión necesaria, la de Carter-María, solo tiene 11 millones de sats en ella.

Puedes leer todo esto y pensar, wow, debe ser realmente complicado y difícil de usar la red Lightning, pero en realidad, existen aplicaciones que simplifican todo esto. No tienes que preocuparte por abrir canales, elegir cuánto poner, fijar un precio para las tarifas de enrutamiento, crear secretos, verificar que los pagos realmente hayan llegado, etc. Todo esto se hace automáticamente en segundo plano. Pero si decides convertirte en un usuario avanzado de la red Lightning, puedes hacerlo: abrir canales con amigos, con otros usuarios de Bitcoin, etc.

2.23 ¿QUÉ PERMITE LA LIGHTNING NETWORK?

Lightning es una solución verdaderamente *peer-to-peer*. Cualquiera puede convertirse en un nodo de Lightning, enrutar pagos, añadir liquidez a la red y ganar tarifas de enrutamiento a cambio. No hay barreras de entrada o salida. Además, Lightning ofrece una mayor privacidad en comparación con la cadena de bloques de Bitcoin, donde todas las transacciones se registran para siempre y son visibles para cualquiera. Las transacciones en Lightning permanecen privadas entre las partes involucradas.

Lightning también es prácticamente instantáneo; no es necesario esperar confirmaciones de bloque excepto al abrir o cerrar un canal. Una vez dentro de la red, puedes enviar miles de pagos, todos liquidándose al instante. En cierto sentido, podrías estar enviando micropagos cada segundo, lo que lo hace casi como una transmisión continua de dinero. El número de transacciones por segundo en la red

Lightning está limitado únicamente por lo que los usuarios desean y por lo que sus ordenadores pueden manejar.

2.24 LA POTENCIA DE HASH ES LA ÚNICA VENTAJA PROPIETARIA

Verás muchas criptomonedas compitiendo por introducir las últimas y más atractivas características como contratos inteligentes, privacidad mejorada y mucho más. Sin embargo, a menos que alguna de estas monedas -como Ethereum, Solana, Cardano, etc.- desarrolle algo realmente único e imposible de replicar, otros proyectos pueden simplemente copiar e implementar esas innovaciones de código abierto. El poder de *hasheo* es la ventaja que solo una moneda puede tener. Dado que estas características pueden copiarse, inevitablemente lo serán, e incluso pueden integrarse en capas superiores de la red Bitcoin. Por ejemplo, si quieres contratos inteligentes o privacidad mejorada dentro de la Lightning Network, puedes tenerlos.

En esencia, no hay nada ofrecido por otros proyectos blockchain que no pueda ser adoptado y adaptado dentro del ecosistema Bitcoin. Lo único que no puede ser copiado o dupl'icado por ningún otro blockchain o actor es el trabajo acumulado y la seguridad del *Blockchain Bitcoin*. Este es el único elemento verdaderamente irremplazable, y nosotros, como Bitcoiners, continuaremos protegiendo y manteniendo esa ventaja única. Aunque podamos adoptar características desarrolladas por otras criptomonedas, ellas no podrán replicar la fortaleza y resistencia inigualables de la *Blockchain Bitcoin*.

2.25 AUTO CUSTODIA

No tus llaves

No tus monedas

Bitcoin te permite ser soberano. Te otorga la forma más privada de propiedad, más allá de tu conciencia e individualización. Tus bitcoins son el secreto que guardas en tu mente; sabes cómo desbloquear su transferencia a otra dirección. Si pierdes este secreto, pierdes tus bitcoins; seguirán estando en la cadena de bloques, pero el hecho de que no puedas acceder a ellos significa que ya no te pertenecen. Puedes optar por entregar la custodia de tus bitcoins a un tercero, como un intermediario, un banco de bitcoins o un intercambio de bitcoins. En ese caso, ellos gestionarán las claves y serán los "propietarios" responsables de esos bitcoins.

La historia de Bitcoin está plagada de relatos de intercambios hackeados, intercambios que se declaran en bancarrota y empresas de bitcoins que desaparecen con los fondos de los 'clientes'. Plagada de ello. Un propietario de un intercambio puede decirte: "Oops, hemos sido hackeados. Lo perdimos todo, se acabó, ahora estamos en bancarrota, lo siento..." Será casi imposible probar si él robó los bitcoins para sí mismo. Podría ser cierto que alguien más robó los BTC, pero también podría ser verdad que él los robó para sí mismo. Existe un mecanismo llamado *CoinJoin*, mediante el cual el rastro o camino de los BTC en la cadena de bloques se puede difundir hasta el punto en que no puedes probar sin lugar a dudas a dónde fueron. Así, el ladrón combinará los bitcoins con otros usuarios de la cadena de bloques que intentan añadir privacidad a sus fondos. CoinJoin tras *CoinJoin* tras *CoinJoin*, el rastro se perderá.

2.26 LA TENTACIÓN DE CREAR TU PROPIO DINERO

Imagina que tuvieras una impresora de dinero y pudieras generar toda la cantidad de dinero que quisieras y necesitaras. ¿Qué tan fácil e interesante sería la vida si no tuvieras que trabajar por dinero, verdad? Imagina todo lo que podrías hacer con ese dinero. La tentación es grande, sería como tener un código de trampas para la vida.

A lo largo de la historia reciente, individuos y grupos han intentado acceder a la creación de dinero. Incluso podrías decir que los bitcoiners están intentando lo mismo. Sin embargo, aquí está el truco: Es una cosa crear dinero que es esencialmente gratuito de producir, y otra muy diferente crear dinero que es extremadamente difícil de generar. Por 'difícil', me refiero a dinero que requiere una cantidad significativa de trabajo, inversión, tiempo y riesgo.

Roma tuvo emperadores que proporcionaron al mercado monedas de oro de calidad, y también tuvo emperadores que, de manera subrepticia, fundieron las monedas de oro puro para crear nuevas monedas que incluían un metal más barato en su interior, de manera que el oro se usaba para crear una mayor cantidad de monedas. Esos emperadores estaban engañando a la población y generaron inflación, robando la energía vital de las personas a distancia.

Toda la historia reciente ha sido una danza entre el dinero sólido que crea buenos tiempos y el dinero fácil que crea malos tiempos. Esta tentación de crear dinero y controlarlo no ha cesado.

Desde que Satoshi introdujo Bitcoin por primera vez, ha habido intentos de replicar su éxito. Algunos buscan convertirse en el próximo Bitcoin, otros se esfuerzan por ser una versión superior, mientras que algunos simplemente buscan inflar el valor tanto como sea posible antes de vender. Esencialmente, existe la tentación de participar en esquemas de 'pump and dump', o de 'rug-pull'. Inicialmente, era bastante simple: solo tenías que copiar el código de Bitcoin, ajustar algunos parámetros, ¡y voilà! Tenías una nueva criptomoneda en solo unos minutos. Así nació el concepto de 'Altcoin', y pronto los entusiastas de Bitcoin comenzaron a referirse a las altcoins como 'shitcoins'.

Las personas que intentaban lanzar nuevas monedas pronto se dieron cuenta de un hecho insuperable sobre Bitcoin: no se puede replicar.

Satoshi declaró en el código de Bitcoin que la verdad de la cadena de bloques de Bitcoin es la cadena con la mayor cantidad de trabajo acumulado. Eso significa que si llego y decido crear una copia similar de Bitcoin, llamémosla ArielCoin. Modifico el código de Bitcoin, establezco el suministro total en 100 millones de monedas y ahora puedo lanzar mi nueva moneda. Sin embargo, para establecer mi moneda basada en prueba de trabajo, necesito encontrar mineros dispuestos a trabajar en la cadena de bloques de ArielCoin. Para el bien de este argumento, imaginemos que tengo mucho éxito y convenzo a mil mineros, o mil máquinas, para que procesen la cadena de bloques de ArielCoin. Con esta red establecida, puedo iniciar mi cadena, añadir bloques, crear nuevas monedas, realizar transacciones y pagar tarifas de transacción. Podríamos continuar con este experimento durante días, meses o incluso más tiempo, hasta que alguien decida atacar la cadena de bloques de ArielCoin (mantengamos esto entre nosotros; coordino el ataque yo mismo). Si diez mil máquinas deciden apuntar sus mineros hacia mi cadena de bloques, pueden controlarla y manipularla como deseen. En Argentina diríamos, "Te la hacen de goma" (pueden convertir tu cadena de bloques en la goma más maleable). En este escenario, la tecnología blockchain no ofrece ninguna seguridad. ¿Qué tenía de tan grandioso después de todo?

Lo único que protege a la cadena de bloques de Bitcoin es mantener su ventaja en poder de hashing. Satoshi inició una carrera que no se puede detener, y como bitcoiners, debemos esforzarnos por tener la mayor ventaja posible. Es una carrera de hash, una que es más pacífica que una carrera armamentista. Cuanto más poder de hashing acumule la cadena de bloques de Bitcoin, más segura se vuelve. Todas las cadenas de bloques menores son más vulnerables a ataques y menos seguras.

2.27 LA VERDADERA RAZÓN POR LA QUE SE IMPULSA LA PRUEBA DE PARTICIPACIÓN

Los *Cryptobros**, al darse cuenta de que el mecanismo de hashing basado en prueba de trabajo solo permite unas pocas cadenas de bloques, necesitaban encontrar una alternativa que facilitara la creación de nuevas monedas. Así, el mecanismo de consenso de 'prueba de participación' (proof-of-stake) se convirtió en la opción predominante para lanzar nuevas criptomonedas. Para promover la elección de prueba de participación sobre prueba de trabajo, tuvieron que publicitarlo como algo que "consume menos energía" o "es mejor para el medio ambiente".

La verdadera razón es que no pueden copiar a Bitcoin.

Hablar sobre el consumo de CO^2 de Bitcoin es una forma de atacar el mecanismo de consenso que no pueden tener para sí mismos. Tienen que conformarse con un mecanismo de consenso inferior.

Los *Cryptobros son individuos dentro de la comunidad de criptomonedas conocidos por su actitud entusiasta hacia los shitcoins. A veces también se refieren a sí mismos como 'Degens' debido a su actitud temeraria e imprudente hacia la inversión.

2.28 POR QUÉ LA PRUEBA DE PARTICIPACIÓN ES UN MECANISMO DE CONSENSO MENOR

Para crear una moneda basada en prueba de participación (proof-of-stake), primero necesitas un líder. Este líder puede ser una persona carismática, una fundación o una DAO (Organización Autónoma Descentralizada), que a menudo está descentralizada solo de nombre.

Pasos para crear una cadena de bloques Proof of Stake

ESCENARIO A: Tony el estafador

Pepe llega y ha visto las riquezas que muchas personas han acumulado en el mundo de las criptomonedas. Decide que intentará promover una nueva moneda con la intención de crear un esquema de pump and dump o hacer un rug-pull a los inversores de la moneda. Esta es su intención desde el principio. Necesita crear una narrativa; tal vez la moneda se posicionará como "para la industria de la salud," o para la "industria del cannabis," o como algo nuevo y descentralizado. Comienza a presentarla a los primeros inversores, ofreciéndoles acceso a las primeras monedas a un precio descontado.

Paso #1: Tony tiene que sentarse frente a un ordenador e ingresar el suministro inicial de monedas a crear. En el mundo de Bitcoin, esto lo llamamos un premine. Teclea 10 mil millones de unidades y presiona 'Enter'. De repente, los primeros 10 mil millones de monedas aparecen de la nada y caen bajo su control.

Toda blockchain proof-of-stake debe pasar por este paso fundamental. Sin monedas disponibles, no hay nada que se pueda poner en juego.

Paso #2: Tony debe distribuir las monedas entre los usuarios de acuerdo con alguna regla, probablemente a los inversores que apoyaron la moneda cuando aún era solo una idea. Envía mil millones de monedas al inversor A, dos mil millones al inversor B, tres mil millones al inversor C, y así sucesivamente, mientras retiene una porción significativa de las monedas para sí mismo.

Paso #3: El staking puede comenzar. Después de distribuir las monedas a muchas direcciones diferentes, el propietario de cada dirección puede decidir cuánto de las monedas apostar. Tienen la opción de no apostar, es decir, tener un staking cero. Alternativamente, pueden optar por apostar el 10%, 50%, o incluso el 100% de sus monedas, dependiendo de sus preferencias.

Paso #4: La suma de todos los stakes individuales se agrega. Supongamos, para el bien de este argumento, que un total de 2 mil millones de monedas de los 10 mil millones de monedas iniciales han sido puestas en staking por los poseedores individuales. La acción de poner las monedas en staking es similar a abrir un Certificado de Depósito en un banco; las monedas se bloquean y no pueden usarse para gastar. Con 2 mil millones de monedas en staking y 8 mil millones en circulación, esto significa que el 20% del suministro total está apostado.

Paso #5: Ahora podemos comenzar a producir bloques. Si el usuario A ha apostado 200 millones de monedas, posee el 10% de los 2 mil millones de monedas en staking. En consecuencia, su computadora será seleccionada aproximadamente el 10% del tiempo para producir un bloque válido. Para proponer un nuevo bloque válido, esta computadora no necesita realizar una cantidad sustancial de trabajo; simplemente selecciona las transacciones, agrega las tarifas de transacción, asigna las monedas recién creadas a la dirección del validador y envía el bloque para que todos lo incorporen a sus cadenas de bloques. Los validadores restantes esencialmente dan un visto bueno o un rechazo a este bloque propuesto.

En principio, mientras el productor del bloque siga las reglas de la moneda, el nuevo bloque debería recibir un visto bueno. Sin embargo, si el productor del bloque engaña o no sigue las reglas de la moneda, el bloque recibe un rechazo y es rechazado por todos los nodos validadores restantes. En consecuencia, el bloque no se incluye en su copia de la cadena de bloques. Además, como forma de castigo para el tramposo, su stake se reduce, se confisca y se redistribuye entre los validadores restantes según sus participaciones.

Paso #6: El 'Rug-pull' (*estafa*). Una cadena de bloques proof-of-stake puede mantenerse mientras nadie controle el 50% o más del stake. Si alguien tuviera más de la mitad del stake, significa que podría rechazar a otros validadores y sus bloques y confiscar su stake. Esencialmente, podría tomar el control de la red.

Algunas monedas incluso tienen mecanismos para proponer cambios al protocolo y al software central que ejecuta la moneda. Estos cambios podrían implicar alteraciones en el suministro de la moneda, ajustes en las reglas de consenso, y así sucesivamente. Los cambios propuestos se someten a votación, y puedes votar de acuerdo con el stake que poseas.

El problema radica en que la mayoría de los sistemas proof-of-stake son creados de la nada por un líder, ya sea una persona o una fundación. Posteriormente, este líder debe distribuir 'equitativamente' las monedas enviándolas a diferentes direcciones. Como observador que ve las monedas moverse dentro de la cadena de bloques, es imposible determinar con certeza si algunas de estas direcciones pertenecen al líder, sus socios comerciales, cónyuge, abogado, mejores amigos, etc. Solo puedes observar que las monedas están distribuidas entre varias direcciones, pero nunca puedes determinar de manera definitiva la propiedad de esas direcciones.

Así que, el líder o estafador sin duda afirmará que las monedas y la red están 'descentralizadas', cuando en realidad, puede que no lo estén, y no hay forma de probar lo contrario. En un sistema proof-of-stake, es imposible verificar si las monedas fueron distribuidas de manera justa o no. Tanto un líder benevolente como un estafador harán la misma afirmación: las monedas han sido distribuidas, y nadie controla más del 50% de ellas. No hay forma de probar o verificar esto hasta el día en que ocurra el rug-pull, y puede que ni siquiera te des cuenta de que ha sucedido. Quizás los estafadores podrían proponer cambios en las reglas monetarias y ganar consistentemente las elecciones con cambios que les beneficien.

2.29 PROOF OF STAKE ES FIAT - LA HERRAMIENTA MÁS PERFECTA JAMÁS IDEADA PARA ESTAFAR A LA GENTE

Por eso, los entusiastas de las criptomonedas y los estafadores han empezado a abogar por el proof of stake. No es por las emisiones de CO_2 o las preocupaciones medioambientales, como suelen decir. En realidad, les *brinda la oportunidad de generar todas las monedas que deseen, de manera fácil, gratuita y rápida*. En esencia, el proof of stake es solo una nueva versión del mundo fiat. Hasta que se descubra el fraude, no se puede saber si el líder es benevolente o un estafador. Si la moneda falla, el líder o estafador puede atribuirlo a un ataque a la red, un cambio de política defectuoso, una alteración del código que se aprobó mediante votación, o simplemente a mala suerte. Lo intentamos y no funcionó. El problema es que el líder podría haber votado por sí mismo y no se puede probar. Este sistema tiene todos los incentivos alineados para ser una herramienta perfecta para estafas, con pocos incentivos para ser honesto.

Los estafadores que utilizan este sistema se salen con la suya legalmente, sin enfrentar penas de cárcel. Para alguien que no cree en la propiedad privada de los demás, ¿qué más podría pedir? El proof of stake se ha convertido efectivamente en fiat, convirtiéndolo en la herramienta más perfecta jamás diseñada para estafar a las personas.

2.30 CRIPTO FASHIONS

El mundo de las criptomonedas presenta modas y ciclos en los que una nueva y brillante novedad se convierte en el tema de tendencia, prometiendo 'revolucionar' todo y ofrecer riquezas rápidas a sus participantes. Tras muchos años en el ecosistema, se puede observar cómo estas modas van y vienen, a menudo dejando un rastro de personas estafadas o engañadas.

Altcoins

Inicialmente, eran las "Altcoins", monedas alternativas. Cualquiera podía copiar y pegar el código de Bitcoin, ajustar algunos parámetros y lanzar un nuevo cripto-token. Sin embargo, estos proyectos carecían de la seguridad minera de la red de Bitcoin. Alternativamente, algunos propusieron códigos completamente renovados con mecanismos operativos diferentes. Después de que se crearan más de 25.000 de estos tokens, es seguro decir que el 99,99% no ha logrado alcanzar el estatus de primera posición, y lo más probable es que hayan experimentado nada más que esquemas de bombeo y venta que enriquecieron a los creadores y primeros inversores de los tokens. Como resultado, la mayoría de estos shitcoins han desaparecido.

Virtual Machines

Luego llegó la era de las cadenas de bloques con Máquina Virtual. Vitalik Buterin, un joven programador y defensor de Bitcoin en ese momento, propuso una nueva moneda y cadena de bloques que permitiría no solo la transferencia de monedas, sino también la ejecución de programas informáticos simplificados en la cadena de bloques. Muchas otras criptomonedas ofrecen características similares con proyectos como EOS, Cardano y Solana. Puedes leer más sobre esto en la sección de Ethereum de este libro.

Bitcoin Forks

Un fork ocurre cuando se introduce un cambio en el código y las reglas de un software —en este caso, el software de Bitcoin— y el cambio propuesto no es compatible con las versiones anteriores. Esta incompatibilidad requiere que todos actualicen su software simultáneamente para continuar operando. En 2016 y 2017, Bitcoin vivió sus "Guerras del Tamaño de Bloque" donde los bitcoiners debatieron si se debía aumentar la cantidad de datos almacenados en cada bloque para incrementar el rendimiento o el número de transacciones que se pueden incluir en la cadena de bloques. Algunos creían que este cambio permitiría más participantes y tarifas más bajas para los usuarios, reduciendo así los ingresos para los mineros.

La supervivencia a largo plazo de Bitcoin depende de que los mineros reciban tarifas adecuadas para su operación, por lo que una hoja de ruta que implicara modificar constantemente el mercado de tarifas —y por ende las reglas— no fue bien recibida por la mayoría de los bitcoiners.

Los disidentes crearon Bitcoin Cash (BCH), un fork de Bitcoin de 2017, que aumentó el tamaño del bloque de 1MB a 8MB. Esto llevó a otros forks como Bitcoin Diamond, Bitcoin Gold, Bitcoin Private e incluso un Bitcoin con Proof of Stake. Ninguno de estos ha alcanzado una relevancia significativa. Actualmente, el valor de un BCH ronda alrededor del 1% del valor de un Bitcoin.

ICOs

El auge de las ICO (Ofertas Iniciales de Monedas) de 2017-2018 ofreció a cualquiera una forma fácil de recaudar capital mediante la emisión de tokens. Esto llevó a numerosos fraudes y proyectos fallidos, algunos de los cuales se asemejaban a esquemas piramidales donde los primeros participantes obtenían beneficios a expensas de los inversores posteriores, culminando en una burbuja que estalló. Otros desaparecieron por completo después de la venta inicial de tokens.

DeFi

Las plataformas DeFi (Finanzas Descentralizadas) recrean sistemas financieros en la cadena de bloques, prometiendo inclusión y transparencia. Sin embargo, también conllevan riesgos significativos, como vulnerabilidades en los contratos inteligentes y manipulación del mercado, lo que lleva a fracasos de alto perfil.

NFTs

Los Tokens No Fungibles (NFT) se crean para representar algo del mundo real o digital. Por ejemplo, Jack Dorsey vendió el primer tuit en Twitter como un NFT, obteniendo millones de dólares, aunque el token no está realmente vinculado al tuit más allá de su valor percibido. Recomiendo precaución, ya que la mayoría de los inversores pierden su dinero.

El Metaverso

Vislumbra un espacio virtual compartido con economías habilitadas por blockchain. Aunque ha atraído una inversión significativa, el desarrollo práctico queda rezagado respecto al bombo publicitario, presentando desafíos técnicos y económicos que podrían decepcionar a los primeros adoptantes.

IAs

Lo más probable es que la última moda en el mundo de las criptomonedas en 2024 implique nuevos tokens respaldados por IA. En realidad, aunque la Inteligencia Artificial es prometedora, los nuevos tokens son innecesarios para su integración. Las IAs podrán manejar su propio Bitcoin, ya sea en la Blockchain o a través de la Lightning Network. Podremos "enviar a nuestra IA a trabajar para nosotros" y recibir "el pago al final del día".

2.31 POR QUÉ LA PALABRA 'BLOCKCHAIN' ES UN TÉRMINO BASTARDO

Satoshi Nakamoto no mencionó la palabra "blockchain", a pesar de que él la inventó. A veces se refería a ella como la "cadena temporal". ¿Cuál es el propósito de una blockchain? Anticensura, antifragilidad, neutralidad. Esa es la única razón por la cual se busca la descentralización, no porque sea un fin en sí mismo, sino para mantener la distribución de poder más equitativa posible y reducir las posibilidades de un ataque. Si una blockchain no es descentralizada y los nodos/validadores/mineros pueden ser identificados y atacados, es susceptible a ataques.

En este escenario, ¿tendría sentido que una empresa privada vendiera una solución blockchain a cinco bancos para que tuvieran una capa de liquidación? Imaginemos que una empresa de computación de tres letras llega y vende el "SuperLedger" a estos cinco bancos. Los bancos comienzan a validar la blockchain en un orden predefinido. El primer bloque es validado por el Banco A, el Bloque #2 por el Banco B, el Bloque #3 por el Banco C, y así sucesivamente, repitiendo el ciclo. Pueden jugar a tener una blockchain durante meses o incluso años. Luego llega un gobierno, como el de Argentina, y les dice, como sucedió en 2002: "Tomen todas las cuentas en dólares de los clientes, pongan el saldo a cero para toda la población y multipliquen el monto original por 1.4 y agréguenlo a la columna de pesos."

¿Crees que alguno de los cinco bancos iría al gobierno y diría: "Querido gobierno, ¡no podemos borrar los saldos! ¡Estamos usando una blockchain!" Por supuesto que no. Se presentaría un cambio en el código que ejecuta la 'blockchain' y todas las modificaciones que te atrevas a imaginar podrían ser incorporadas. Un ejemplo de una blockchain que en realidad no era una blockchain. No está cumpliendo con su razón de ser: *ser un libro de contabilidad neutral e inmutable.*

Por lo tanto, cuando veas a alguien proclamando "No me interesa Bitcoin, me interesa la Blockchain", esto es una gran señal de advertencia. O bien esta persona aún no ha aprendido lo inseguras que pueden ser las blockchains criptográficas, o bien está tratando de ocultarse detrás de la jerga, aparentando ser "inteligente" o como parte de un plan oculto para estafar a la gente.

2.32 HACER ETHEREUM INMUTABLE

Los *bitcoiners* suelen decir que la blockchain de Ethereum nunca ha alcanzado el nivel de blockchain que Bitcoin ha logrado, ya que no ha demostrado tener la característica clave que una blockchain busca lograr: la inmutabilidad.

Primero, Ethereum fue emitido a través de una preventa financiada con BTC, que pagó por la redacción del código. El BTC fue distribuido entre los programadores, lo que les permitió comprar anónimamente estos baratos tokens de Ethereum a 30 centavos de dólar. Esto es, por supuesto, imposible de probar, pero posible; nada limitaba la compra de más tokens con los ingresos de la venta de tokens, creando esencialmente una bicicleta financiera o un bucle financiero que beneficia a los emisores.

Luego, tras el lanzamiento, en 2016, se llevó a cabo un gran proyecto llamado 'The DAO' para una Organización Autónoma Descentralizada, que reunió los fondos de la gente en un Smart Contract de Ethereum. Piensa en un DAO como una LLC o ONG 'descentralizada'. Esta empresa de responsabilidad limitada no está registrada en ningún país en particular, vive 'en la blockchain'. El objetivo de The DAO era, una vez cerrada la suscripción, votar sobre en qué debía trabajar o invertir el DAO. Así, en el momento en que las personas enviaron sus fondos de Ethereum al proyecto, no tenían idea del uso eventual de esos fondos. En total, la gente envió alrededor de 150 millones de dólares al contrato inteligente. Un hacker o un grupo de hackers encontró una vulnerabilidad en el código del DAO (¿o fue plantada allí todo el tiempo por los desarrolladores de software?) y pudo 'retirar los dividendos' del DAO. Poco a poco, todos pudieron ver en la blockchain de Ethereum cómo todos los 150 millones de tokens de Ethereum estaban siendo drenados del contrato inteligente. Esto fue una catástrofe para la comunidad de Ethereum justo al principio del proyecto.

Vitalik y su equipo encontraron una solución que definió la cultura: hicieron un cambio en el código de Ethereum y en la blockchain para que este robo nunca hubiera tenido lugar. Todos recibirían sus tokens de vuelta en sus respectivas carteras como si nunca los hubieran enviado al DAO. Vitalik y su equipo se convirtieron efectivamente en la policía y los jueces de la blockchain de Ethereum, decidiendo qué hacks necesitaban un hard fork en el código para devolver los fondos a sus propietarios y cuáles no necesitaban tal cambio. Casi como cuando los bancos centrales rescatan a algunos bancos pero no a otros, ¿te suena familiar?

La última gota que derramó el vaso sobre por qué Ethereum es considerado un shitcoin es su transición al algoritmo de validación Proof of Stake y el hecho de que introducen cambios en la política monetaria cada pocos meses o años. Para entender por qué Proof of Stake es un algoritmo de consenso inferior, puedes consultar la sección dedicada en este libro. En cuanto a la política monetaria, al principio Ethereum no tenía un límite o cap en la cantidad de ETH que se podía emitir, un cap ilimitado, al igual que los dólares fiat, euros y pesos.

Luego propusieron un cambio a 'Ultra Sound Money' tratando de competir con Bitcoin, es decir, si el suministro de BTC está limitado a 21 millones, un suministro de ETH en constante disminución debería ser mejor, ¿verdad? ¿Verdad? La forma en que introdujeron esta cadena de hard fork en las reglas monetarias fue añadiendo una nueva tarifa encima de la tarifa de minero/validador. Esta tarifa se llama la tarifa de quema y se supone que elimina esa parte de la existencia, del suministro. Cuando vi eso pensé para mí mismo: ¡Oh, Dios mío, han introducido un impuesto de transferencia! ¿Por qué es un impuesto? Porque castiga a las personas que usan la red en favor de aquellos que no mueven sus monedas. Hace que mover ETH sea más costoso y la quema beneficia a todos los poseedores de ETH, como una redistribución de la riqueza.

En resumen, los bitcoiners ven a los etéreos como otro proyecto gestionado privadamente, con un supuesto rey benévolo en Vitalik Buterin que propone cambios en las reglas económicas constantemente. Si la gente va a ser estafada como ocurrió con otros imitadores de Ethereum, aún está por verse. Estos comportamientos y cultura son lo opuesto a lo que representa Bitcoin. En Bitcoin no cambiamos las reglas a menos que sea en caso de una emergencia extrema. Ethereum realiza un hard fork (incompatible con los cambios de reglas anteriores) cada pocos meses. Así que es difícil decir qué es Ethereum. La verdadera pregunta es, ¿qué es Ethereum en estos meses?

Para profundizar en este controvertido tema, te sugiero leer el libro *'The Infinite Machine'* de Camila Russo, HarperCollins, 2020.

2.33 POR QUÉ BITCOIN Y NO CRIPTO

El mundo de las criptomonedas está tratando de aferrarse al éxito de Bitcoin, promoviendo la idea de que todas las criptomonedas son seguras y futuristas porque utilizan 'criptografía' y 'tecnología blockchain'. En realidad, la facilidad con la que se pueden crear y la naturaleza discrecional de las nuevas criptomonedas las hacen tan arriesgadas e impredecibles como el dinero fiat gubernamental, si no es que peores. Lamentablemente, todavía estamos en una etapa en la que muchas personas agrupan a Bitcoin con otras 'criptos', tratándolas como si fueran iguales o directamente comparables.

Sin embargo, la verdad es que las criptomonedas, en general, son mucho más similares al dinero fiat que a Bitcoin. Bitcoin se distingue por sus más de 15 años de prueba de trabajo, su naturaleza altamente descentralizada, un suministro fijo de 21 millones de monedas, y un historial establecido desde su creación en 2009. Como diría Michael Saylor: 'No hay un segundo mejor'.

Por otro lado, muchas nuevas criptomonedas carecen de estos atributos. A menudo se crean con control centralizado, pueden ser acuñadas en cantidades ilimitadas, y aún no han demostrado su seguridad o viabilidad a largo plazo. Esta proliferación de nuevas criptomonedas no probadas contribuye a la volatilidad del mercado y presenta riesgos significativos para los inversores, ya que muchos de estos proyectos pueden fallar o resultar ser estafas manifiestas.

En resumen, mientras Bitcoin se ha establecido como un activo digital único con una base sólida y un caso de uso claro, muchas otras criptomonedas no ofrecen el mismo nivel de seguridad o fiabilidad. Por lo tanto, es crucial que los inversores comprendan las diferencias fundamentales entre Bitcoin y otras criptos para tomar decisiones informadas.

2.34 SEC, POR FAVOR, NO PROHÍBA LAS CRIPTO: CAMBIEMOS LA CULTURA

Cripto, no Bitcoin, es una nueva forma de emitir valores. Cualquiera puede hacerlo: un niño de 14 años, tu gobierno, los estafadores lo hacen todo el tiempo, tu IA puede hacerlo, tú también puedes hacerlo. Algunos bitcoiners han adoptado la postura de que, dado que emitir valores sin regulación está prohibido en la mayoría de los países, están exigiendo que la Comisión de Bolsa y Valores de EE.UU. (SEC), o el regulador encargado de regular la emisión de bonos y acciones, regule el mundo de las criptomonedas. Creo que esta es una idea terrible. Todo el concepto de criptoanarquía es recuperar la libertad. Lo que debemos hacer como bitcoiners es asumir la tarea de educar al público y promover un cambio en la cultura donde 'Cripto' o 'blockchain' no signifiquen 'seguro'. Por todas las razones expuestas aquí, está lejos de ser seguro. Pero eso no significa que alguien no pudiera usarlo de manera correcta siempre que desee permanecer honesto.

Por eso creo que el mensaje debería ser: Las criptomonedas son un territorio anárquico, el nuevo lejano oeste; 'Entra bajo tu propio riesgo'. Conoce los riesgos y la facilidad con la que puedes ser estafado. Procede en consecuencia mientras aprendes y no te sorprendas si te hacen un 'rug-pull'. Sabías en lo que te estabas metiendo..

2.35 STABLECOINS - 'SHITCOINS' A CORTO PLAZO

En 2014, Tether lanzó la primera stablecoin, el USDT. La idea detrás de las stablecoins es que tengan un valor determinado en relación con otro activo, y algunas personas las llaman 'pegcoins' debido a que están 'ancladas' a algo más. Este algo más podría ser el dólar estadounidense, el euro, una onza de oro, un barril de petróleo, etc. Incluso podríamos tener representaciones de acciones y bonos usando este token. La gran pregunta, entonces, es: ¿quién las emite y cómo garantizas su anclaje al activo? Existen múltiples formas de lograr este objetivo, y por eso, cada vez que te presentan una nueva stablecoin, debes investigar sus pros y contras en detalle.

Empecemos explicando el caso del USDT para profundizar en su funcionamiento. Tether Limited es una empresa real establecida en un país específico con un CEO, CTO, cuentas bancarias, empleados, etc. El modelo detrás del token es que Tether, como empresa, mantendrá ya sea efectivo en dólares estadounidenses en cuentas bancarias o bonos del Tesoro de EE.UU. que generan intereses sobre las tenencias. A la fecha de esta escritura, el tamaño del mercado de Tether supera los 80 mil millones de dólares, lo que significa que, si esos 80 mil millones de tokens en circulación están respaldados por bonos del Tesoro de EE.UU. que pagan un 5% de interés, Tether como empresa está ganando 4 mil millones de dólares anualmente solo en intereses del gobierno de EE.UU. Eso equivale a más de 10 millones de dólares al día en ingresos, todos los días. No está mal para una empresa con menos de 100 empleados.

"Tether es centralizado. Esto no está en discusión", afirma el CEO de la empresa, Paolo Ardoino, en sus conferencias públicas. Y así son la mayoría de las otras stablecoins; veremos las diferencias en breve. Sin embargo, Paolo también es un bitcoiner convencido, y así, Tether como empresa está comprando BTC para sus reservas e inversiones con los pagos de intereses del gobierno de EE.UU. Es curioso cómo, gracias a las stablecoins, el gobierno de EE.UU. está financiando la compra de Bitcoin y elevando el precio de BTC.

También existe USDC en los Estados Unidos, una empresa iniciada por Coinbase y Circle. Algunos creen que, al estar bajo la atenta mirada del gobierno de EE.UU., este token es mejor; otros creen que es un token inferior por la misma razón. Dado que estas monedas son centralizadas, tus monedas podrían ser congeladas por orden de la empresa. Las stablecoins son un mal necesario en el camino hacia la adopción de Bitcoin. Ofrecen una experiencia más liberadora para las personas que mantienen stablecoins en lugar de tener dólares en una cuenta bancaria. Muchas personas en el mundo no pueden tener una cuenta bancaria. Muchas personas alrededor del mundo, como los argentinos, no confían en los bancos locales con sus dólares y ahorran en efectivo. Con las stablecoins, puedes tener cualquier cantidad, en cualquier lugar, en tu billetera o claves privadas.

3. Política, economía y filosofía

3.1 HISTORIA DEL DINERO

Primero, necesitamos entender qué es el dinero. ¿Por qué lo necesitamos?

En un momento de la historia de la humanidad, éramos como cualquier otro animal. Sin embargo, con el tiempo, "este animal" desarrolló habilidades que lo diferenciaron del resto: la capacidad de razonar, de usar la lógica, de desarrollar el lenguaje y de empezar a contar—el nacimiento de las matemáticas.

Puedes atribuirlo a la evolución continua o al acto de Dios, pero el ser humano decidió que no quería vivir como el resto de los animales. Buscó mejorar su condición más allá de la mera supervivencia y de las necesidades básicas de cazar y recolectar alimentos. Se propuso construir refugios, desarrollar herramientas, crear ropa para abrigarse y establecer métodos para almacenar comida. Al hacerlo, descubrió la economía sin siquiera darse cuenta—estaba economizando. Es decir, estaba tomando decisiones sobre cómo asignar mejor su tiempo. Dado que su tiempo en la Tierra es finito, tuvo que economizar su recurso más escaso: el tiempo. Mientras podría haber dedicado su tiempo a cazar con sus manos desnudas, un día decidió no cazar. En cambio, optó por ayunar y dedicar su tiempo a construir una herramienta para cazar de manera más eficiente—para lograr el mismo resultado en menos tiempo. Al sacrificar el tiempo inmediato de caza para desarrollar y probar una herramienta—una nueva tecnología—pudo liberar su tiempo y multiplicar los resultados de sus esfuerzos, esencialmente multiplicando su tiempo. Asumió este riesgo porque creía que lo llevaría a un futuro mejor.

Durante dos millones de años, este *Homo* vagó por África sin mejorar significativamente su condición. No había formas reales de progresar cuando todas tus posesiones y tecnologías debían ser transportadas contigo. Se debate si nos asentamos porque aprendimos a domesticar plantas o si lo hicimos porque aprendimos a producir cerveza de bajo contenido alcohólico. Quizás ambos conocimientos nos permitieron dar un salto cuántico: por primera vez en la historia, podíamos tener un excedente de alimentos y bebidas seguros para consumir gracias a la levadura.

Imagina que eres un cazador-recolector hace 10.000 años y aprendes a cultivar trigo, cebada o a domesticar animales, para no tener que cazarlos en estado salvaje. Imagina que trabajas una parcela de tierra durante seis meses. Imagina que cuidas de tus ovejas todos los días. Imagina que, el día de la cosecha, otro cazador-recolector viene y decide que toda tu producción, todo el sudor y las lágrimas de despertarte al amanecer para trabajar hasta el anochecer cuidando las plantas durante meses, ahora le pertenecen a él. Te dice: "Lo que es tuyo también es mío, así que me lo llevo, muchas gracias."

¿Cuál sería tu reacción? ¿Te enfadarías? Por supuesto que sí, y para mí, ese es el nacimiento de la propiedad privada. Del capitalismo y del socialismo. De los productores de riqueza y de los ladrones de riqueza previamente acumulada. Toda la riqueza debe ser creada; toda la riqueza que ha existido, alguien tuvo que trabajar para conseguirla en algún momento.

La principal diferencia radica en el tipo de trabajo realizado para obtenerla. ¿Se ganó a través del trabajo o se adquirió mediante el robo? Con el nacimiento de la riqueza vinieron los ladrones, personas que no creen en la propiedad privada. En su nivel más fundamental, un ladrón no cree en la propiedad privada; por eso pueden tomar lo que originalmente era tuyo.

Desde entonces, la naturaleza de nuestra realidad no ha cambiado. El mundo todavía tiene personas que producen riqueza, y todavía tiene personas que no creen en la propiedad privada y, por lo tanto, justifican quitarte tu riqueza. Por eso, desde el comienzo de estos tiempos, los productores de riqueza han tenido que protegerse contra los saqueadores. Cuando están robando tu propiedad, de repente desarrollas un sentido de "tengo que defenderme, tengo que protegerlo, y tengo que comportarme de una manera que minimice el riesgo de que esto suceda". Esta es una de las razones por las que la privacidad es importante. Si puedes ocultar tu riqueza de los ladrones, aumentas tus posibilidades de poder guardarla para el futuro.

Este desarrollo del comercio también trajo consigo la necesidad de dinero. Fue la primera vez en la historia que pudimos acumular un excedente, ya fueran granos, animales o cualquier otra cosa. Nacieron la especialización y la división del trabajo. Podías desarrollar habilidades en un área de conocimiento y mejorar aún más tu productividad, para tener un excedente cada vez mayor. Si otras personas también tienen un excedente, es el momento en que podemos comenzar a intercambiar entre nosotros, mi excedente por tu excedente. Algunos dicen que la primera forma de comercio fue el trueque, intercambiando lo que yo tengo por lo que tú tienes. Otros dicen que esto era muy inconveniente, y elaboramos una forma de llevar un registro de las deudas en nuestra mente. Te di esto en el pasado; por lo tanto, deberías darme esto ahora. De cualquier manera, ambos sistemas presentan muchos problemas.

Con el trueque, es muy difícil lograr una coincidencia de necesidades. Si tú tienes manzanas y yo tengo un caballo, ¿cuántas manzanas vale un caballo? ¿Puedo almacenar tantas manzanas? ¿Se pudrirán? ¿Puedo darte una parte del caballo? Por supuesto que no, si te doy la pata del caballo, ya no tendré un caballo vivo.

¿Cómo acordamos una tasa de cambio entre manzanas y caballos? Tendríamos que negociar desde el principio sin un punto de referencia. Las valoraciones de las personas son diferentes y subjetivas. Puede que hoy necesites desesperadamente un caballo, pero quizás mañana no lo valores tanto, y no tengo una forma precisa de saber cuánto lo valoras.

Si realizamos un intercambio, es entonces cuando puedo inferir que si cambiaste tus 5.000 manzanas por mi caballo, valoras al caballo en más de 5.000 manzanas. De lo contrario, no habrías hecho el trato. Si el caballo vale 3.000 manzanas para ti y yo lo valoro en 5.000, no ocurrirá un intercambio voluntario.

Por lo tanto, surge el dinero. Las personas seleccionan naturalmente los mejores bienes en la economía para ser utilizados como bienes intermediarios; es decir, bienes que obtienes para intercambiar por otros bienes en el futuro. Estos suelen ser los bienes más vendibles, lo que significa bienes que son más fáciles de vender, aquellos en los que pierdes la menor cantidad de valor posible al venderlos.

Esta es la razón por la que no usamos casas como dinero. Si me presento para hacer un intercambio con alguien y ofrezco mi casa, podría gustarle o no. Es de interés del otro parecer desinteresado. Si quisiera vender mi casa mañana, lo más probable es que tendría que venderla con un gran descuento en comparación con si pudiera esperar de seis meses a un año para venderla. Además, cada casa es diferente; cada una tiene un valor subjetivo para cada persona que la evalúa.

Por todas estas razones, los humanos seleccionaron bienes con estas características como dinero:

Vendibilidad: Bienes que, cuando se venden, llevan un descuento nulo o muy pequeño y son extremadamente fáciles de vender, estando en alta demanda.

Portabilidad: Bienes que pueden concentrar mucho valor en un espacio reducido.

Divisibilidad: Bienes que pueden ser divididos para dar cambio.

Fungibilidad: Bienes que son tan similares entre sí que se vuelven indistinguibles en valor cuando tienes dos unidades del mismo bien.

Escasez y prueba de trabajo: Bienes que no son gratuitos ni abundantes en el mercado. Si fueran abundantes, perderían su valor. Si pudieras obtenerlos de forma gratuita o falsificarlos, también perderían su valor eventualmente.

Solo unos pocos bienes en la naturaleza presentan estas características, y por eso las sociedades eligieron principalmente metales preciosos como el oro y la plata, después de haber probado con conchas, sal, cuentas de vidrio, granos de cacao, ganado, etc.

El mecanismo del mercado seleccionó de manera natural los mejores bienes para ser utilizados como dinero. El mercado no necesitó un coordinador o planificador central para elegir el oro; este surgió de la competencia contra todos los demás bienes que quedaron en posiciones inferiores para ser usados como dinero.

¿Por qué deberías preocuparte por la calidad del dinero?, te preguntarás:

Porque tu elección de dinero impactará directamente tu vida, tu futuro y el bienestar de tus seres queridos.

Recuerda que desde el principio de los tiempos, ha habido socialistas, ladrones de dinero, ladrones de tu propiedad y ladrones de tu tiempo—tu vida.

Por eso, ellos idearán formas de disminuir la calidad del dinero, de tener control sobre él, hasta llegar a lo que tenemos hoy: un grupo de personas que literalmente tiene una impresora de dinero. ¿Qué harías y cómo te comportarías si tuvieras una impresora de dinero? ¿Qué pasaría si no tuvieras que trabajar por el dinero, aparte de todo el trabajo que te llevó a estar en control de la impresora de dinero?

¿Qué tan poderoso serías si pudieras decidir a quién le das ese dinero recién creado? ¿Qué tan poderoso serías si pudieras hacerlo sin que la mayoría de la población lo notara?

¿Qué pasaría si este mecanismo de creación de dinero libre te permitiera robar las vidas de las personas, su tiempo, su trabajo duro, a distancia, sin que nunca lo notaran, e incluso posicionarte como el salvador que está aquí para ayudar?

No importa cuánto trabajes. Si hay personas en control de la impresora de dinero, lo más probable es que la utilicen y roben tu tiempo produciendo inflación. La palabra inflación proviene del latín "inflāre", que significa inflar algo, soplar aire en un globo, aumentar el suministro de dinero.

Si la tasa de inflación supera la tasa de crecimiento económico, no importa cuánto trabajes; si ahorras en esta moneda, todo tu trabajo eventualmente se desvanecerá.

Eso es el dinero fiduciario: *"Dinero creado para poder robarte a distancia, sin que te des cuenta de quién lo hizo"*.

En mi país, Argentina, la tasa de inflación de este año superará el 100%, lo que significa que si trabajaste durante 40 años y ahorraste en la moneda que los políticos argentinos te dicen que utilices, el trabajo de toda tu vida se reducirá de 40 años a poco menos de 20 años. Veinte años de tu trabajo de vida, desaparecidos en solo un año.

El próximo año, la tasa de inflación disminuirá de nuevo, como si solo hubieras trabajado 10 años. Luego a 5 años, después a dos años y medio, y así sucesivamente, a medida que se acerque a cero y tus ahorros de toda la vida se vayan, llevados por "el sistema", los emisores, los bancos centrales.

El dinero fiduciario se convierte, entonces, en una forma de esclavizarte—un mecanismo para robar tu energía vital a distancia.

El gobierno fiduciario, las escuelas y universidades fiat y los medios fiduciarios te dirán que todo es culpa de los empresarios codiciosos. Tal como anticipó Ayn Rand* en sus extraordinarias novelas, *Cuídate del día en que los empresarios decidan llevar su capital y conocimiento a otro lugar, donde sean mejor tratados.*

Esto explica en gran medida la disparidad de riqueza entre las naciones. Los países que respetan los derechos de propiedad, tienen impuestos bajos y son fáciles para hacer negocios, atraen capital. El capital se utiliza para aumentar la producción y los salarios suben.

Es asombroso cómo algunas proyecciones colocan a Singapur con un PIB per cápita de 240.000 USD para el año 2040, mientras que es muy probable que países como el mío, si no cambian sus políticas, permanezcan en el rango de 10.000 USD. Desde el punto de vista de un trabajador individual, un mes de trabajo en Singapur equivaldrá a dos años de trabajo en Argentina, expresado en términos de dólares.

Aquí es fácil ver cómo tu tiempo se valora de manera diferente, cuando hay más capital a tu alrededor para multiplicar tu trabajo y tus capacidades creativas.

> *Ayn Rand fue una escritora y filósofa ruso-estadounidense conocida por sus novelas que defienden el individualismo, el interés propio racional y el capitalismo laissez-faire. Sus obras más conocidas incluyen "El Manantial" y "La Rebelión de Atlas". Consulta el Apéndice.

3.2 FINANCIACIÓN DEL GOBIERNO

Los gobiernos no son entidades sobrenaturales; son grupos de individuos que comparten la misma historia de control y monopolio de la violencia sobre el resto de los individuos. Los gobiernos tienen costos operativos y fuentes de ingresos, al igual que tú y yo. Los gobiernos nacen o se crean, pueden quebrar, ser conquistados o destruidos. Esto ha sucedido a lo largo de la historia, innumerables veces. Es bueno darse cuenta de que la mayoría de los gobiernos no son los mayores productores de riqueza en la sociedad; el sector privado lo es. Toda la riqueza que ves a tu alrededor, cada invención, la casa en la que vives, la ropa que llevas puesta, el papel o la pantalla en la que estás leyendo esto—alguien lo hizo, alguien lo inventó. Primero surgió de la mente de alguien que pensó: "Sí, puedo hacerlo. Asumiré el riesgo. Renunciaré a la gratificación inmediata y aportaré la prueba de trabajo". Lo más probable es que esa persona lo hizo para su propio beneficio, para su propio lucro.

Citando a Adam Smith:

"No es de la benevolencia del carnicero, del cervecero o del panadero de donde esperamos nuestra cena, sino de su consideración por su propio interés. No nos dirigimos a su humanidad, sino a su amor propio, y nunca les hablamos de nuestras propias necesidades, sino de sus ventajas."

La riqueza necesita ser creada; todo lo que ves a tu alrededor no estaba allí, todo es artificial, hecho por el hombre. Si no tuviéramos creación de riqueza, estaríamos en modo de supervivencia, viviendo desnudos en la jungla o en cuevas, tal como lo hicimos durante millones de años. Si creemos que la riqueza que tenemos no es suficiente, que hay pobreza en el mundo, entonces se puede crear más riqueza; todo lo que se requiere es trabajo, tiempo y una toma de decisiones adecuada.

Dado que los gobiernos no son los mayores productores de riqueza en absoluto, se convierten en tomadores de riqueza para cubrir los gastos gubernamentales. Los mecanismos que tiene un gobierno son:

Impuestos

Emisión de dinero

Deuda

Confiscaciones

Venta de activos gubernamentales

Los impuestos implican tomar una parte del trabajo y la propiedad de alguien. Al igual que lo hacían los señores feudales y los propietarios de esclavos en el pasado, solo una parte de lo que produces es considerado tuyo por el gobierno. Lo toman a través de la amenaza de la fuerza o mediante confiscación. Si un gobierno se apodera de más del 50% de tu trabajo de vida, ¿eres 50% esclavo y 50% libre? ¿Qué pasa si toma el 80% de tu trabajo? Lo que sabemos con certeza es que si tomara el 100% de tu trabajo de vida, serías un esclavo completo.

La impresión de dinero es un robo. Es una forma subrepticia de gravar a las personas sin que ellas noten la causa del efecto: el aumento generalizado de los precios. Todo se hace sin recurrir a la legislación sobre la cantidad de extracción de valor en el Parlamento, como la mayoría de los gobiernos tendrían que hacer con nuevos impuestos o impuestos más altos. Un gobierno puede seguir drenando todo el valor de la economía hasta las últimas consecuencias, cuando el dinero muere. Puedes ver ejemplos de esto en la última década observando lo que han hecho Venezuela o Zimbabue. ¡Un salario promedio en Venezuela llegó a ser equivalente a 15 USD al mes! Imagina, por un momento, ganar solo medio dólar al día. Eso es lo que la inflación puede llevar a una nación.

Pero una pequeña inflación es buena, ¿verdad? Eso es como decir que un poco de cáncer es bueno, o un poco de robo, o un poco de empobrecimiento de las clases bajas.

La deuda pública actual es esencialmente impuestos futuros y emisión de dinero futuro. Está hipotecando a las generaciones futuras, imponiéndoles una carga que no han votado ni decidido, básicamente esclavizándolas.

3.3 PATRIARCADO Y MONARQUÍA

Volvamos a la historia de las primeras personas que se asentaron y comenzaron a trabajar una parcela de tierra. Tenías que defender tu tierra contra ladrones, violadores, asesinos y usurpadores. También debías protegerte contra estafadores y defraudadores.

Debías gestionar tu negocio de manera eficiente, llevando productos al mercado que las personas estaban dispuestas a pagar más de lo que costaba producirlos, vendiéndolos a un precio superior al que valorabas tu producción. En una transacción voluntaria, ambas partes ganan; ambas partes valoran los bienes que reciben como más valiosos que lo que entregan a cambio. De lo contrario, no llevarían a cabo el intercambio. Ambas esperan estar en una mejor situación después del intercambio.

Supongamos que tus vecinos también estaban trabajando en sus propias tierras, pero no eran tan astutos en defenderlas o en producir los productos que la gente deseaba al precio que estaban dispuestos a pagar. Eventualmente, ese vecino empezaría a consumir su capital, y en algún momento decidiría vender su tierra. En este ejemplo, tienes un excedente acumulado tan grande que decides comprar su tierra porque ves una oportunidad de negocio para producir más.

Lo contratas como empleado; ahora él no tendrá que preocuparse por hacer predicciones sobre los precios futuros, los costos, los cambios en la demanda, los ataques de ladrones, etc. Solo tendrá un salario fijo cada mes. Expandes y multiplicas. Literalmente, multiplicas. Tu familia crece a medida que puedes alimentar a más hijos; toda la familia trabaja en la tierra.

Si continuamos con el ejemplo de esta familia exitosa, podemos llegar a un punto en el que la riqueza acumulada permite pagar por seguridad, por la construcción de murallas, etc. Te conviertes en el rey de la tierra, el jeque, la familia real. El propietario de la ciudadela. Las personas en posiciones menos desarrolladas vienen a pedir trabajo. También están dispuestas a vivir dentro de la protección de tu fortaleza a cambio de un precio, un alquiler/impuesto que puedes cobrarles. Es una situación beneficiosa para ambas partes.

Las familias que han logrado acumular capital a lo largo de generaciones son las que surgieron como propietarias de la tierra. No es una tarea fácil de lograr; debes dedicarte a construir el nombre familiar, la marca, e inculcar valores y virtudes que preserven y hagan crecer el capital a través de las generaciones.

Por supuesto, hubo reyes que no solo se enriquecieron a través del intercambio voluntario. Llamemos a estos el rey socialista: reyes cuyo modo de adquirir riqueza era mediante pillaje, saqueo y robo. Declaraban la guerra a las tierras de otros reyes y aumentaban los impuestos sobre su población para extraer el mayor valor posible de ellos, literalmente exprimiendo la energía vital de las personas hasta que la economía colapsara.

> Tiempos difíciles crean hombres fuertes
> Hombres fuertes crean tiempos buenos
> Tiempos buenos crean hombres débiles
> Hombres débiles crean tiempos difíciles

Todo lo que el capitalista y el rey pacífico podían hacer en un ataque contra su reino, su patriarcado, era defenderse a su costa. Algunos tuvieron éxito, otros no, y fueron saqueados. Mi punto principal aquí es volver al principio básico: Desde que empezamos a producir riqueza, los productores de riqueza han sido atacados por los que no creen en el principio de la propiedad privada. Los capitalistas solo pueden defenderse de los socialistas y ofrecerles mejores productos y servicios. Los socialistas solo pueden ofrecer robo, asesinato y consumo de capital.

3.4 POR QUÉ EL MUNDO ES ANÁRQUICO

Los anarco-capitalistas* sueñan con un futuro en el que todo sea privado, y te mueves de una propiedad privada a otra, cada una con diferentes reglas y formas de poseer la tierra. Ejemplos de esto podrían ser una superempresa capitalista como Apple gestionando un 'país Apple,' donde todo es estético, fácil de usar y caro. Otro país podría optar por ser una comuna socialista que no utiliza dinero. El punto clave que el anarco-capitalista quiere subrayar aquí es que eres libre de elegir y que podrías votar con tus pies. Este sistema funciona siempre y cuando se te permita moverte.

Mi perspectiva sobre el tema es que ya estamos viviendo en ese mundo. El mundo siempre ha sido anárquico. Todas las tierras tienen un dueño, y ese dueño es quien es capaz de asegurar la seguridad y el control de la tierra. ¿Crees que eres propietario de una tierra? En realidad, estás alquilando tu tierra. La mayoría de los países tienen impuestos sobre la propiedad, ya sea sobre terrenos o viviendas. Esto significa que, si un país te cobra un dos por ciento anual en impuestos sobre la propiedad, no eres el propietario total de la tierra; la estás alquilando al gobierno, el verdadero propietario de la tierra. Equivale a tener que comprar una propiedad similar cada 50 años. Si no pagas este impuesto, pierdes tu casa o terreno; en realidad, no era tuyo.

*Los anarco-capitalistas abogan por una sociedad sin Estado en la que los derechos de propiedad privada y los mercados libres sean los mecanismos principales para organizar la sociedad y resolver disputas.

3.5 UN GOBIERNO MUNDIAL

No existe un gobierno mundial único. Aparte de la intención de un grupo de instituir un gobierno mundial—una fuerza que impulsa la centralización y la esclavitud de la humanidad al eliminar la elección o las alternativas—existe una fuerza que actúa en dirección opuesta hacia la descentralización. Bitcoin impulsa al mundo hacia la descentralización del poder al dificultar el robo y al hacer más complicado el cobro de impuestos, como era el caso antes del uso generalizado de los ordenadores.

Esta consecuencia de hacer más difícil saber quién posee qué no impedirá que los gobiernos recauden impuestos. Al igual que en el pasado, antes de los ordenadores, los gobiernos imponían impuestos basados en el tamaño de tu terreno, la amplitud del edificio o la cantidad de ventanas que tenía.

3.6 LOS ACTUALES REALES PROPIETARIOS

Ahora que la monarquía ha perdido su atractivo y vivimos en un mundo basado en la moneda fiat, los verdaderos propietarios de la tierra son aquellos que controlan la oferta de dinero. La moneda de un país puede verse como una participación en la economía nacional, similar a las acciones de una empresa. En este sistema, unos pocos seleccionados pueden emitir nuevas "acciones" a su discreción, sin coste alguno, y asignarlas a quienes consideran más adecuados.

Esto a menudo incluye a sus aliados en los medios de comunicación, empresas que colaboran con políticos o que son propiedad de políticos, universidades, el sector público y los pocos empobrecidos que reciben fondos con la expectativa de asegurar su voto. Algunas naciones devalúan sus monedas hasta el punto en que se convierten en economías estancadas, donde el valor real se erosiona día a día y el cálculo económico se vuelve impracticable.

Así, los verdaderos propietarios actuales son quienes controlan la imprenta, o en la actualidad, el teclado: los banquero centrales.

¿Qué poder puede ser mayor que el de crear dinero a voluntad y decidir en qué utilizarlo? ¿Qué poder puede ser mayor que no tener que trabajar por ello y hacer que otros trabajen para ti?

3.7 FIAT ES ROBO

"Fiat" es un término en latín que significa "por decreto" o "por imposición de un gobernante". No es algo que las personas y los mercados hayan elegido voluntariamente, sino que se impuso bajo amenaza de fuerza. La fuerza y las armas son lo que se recurre cuando no se puede seducir, convencer o ofrecer un mejor producto o servicio que las personas elegirían voluntariamente.

Las monedas fiat han heredado su valor de las monedas respaldadas por oro y se han convertido en mecanismos para extraer valor. Así como diferentes iteraciones del peso argentino han perdido más del 99,99999% de su poder adquisitivo, el dólar ha perdido el 99% de su poder adquisitivo.

3.8 NOMINAL VS REAL

La inflación distorsiona los cálculos económicos, creando una ilusión de ganancias cuando, en realidad, se está perdiendo dinero en términos reales. Considera los siguientes ejemplos:

Juan recibió un aumento del 5% y se sintió satisfecho. Sin embargo, con una inflación del 10%, su salario efectivamente disminuyó alrededor del 5%. Debería haberse sentido desilusionado.

Pedro sufrió una reducción salarial del 2% y se sintió desalentado. No obstante, con una deflación del 5%, en realidad recibió un aumento de aproximadamente el 3%. Debería haberse sentido jubiloso.

Tanto Juan como Pedro sucumbieron a la *nominalidad.*

Es crucial evaluar las cosas en términos reales en lugar de *nominales.* Por ejemplo, si el mercado inmobiliario ha estado apreciándose al 15% anual, ¿es tu rendimiento del 7% en dividendos una ganancia o una pérdida? Considera cuántos kilos de carne puedes comprar ahora en comparación con antes, o cuántos litros de gasolina puedes adquirir con tu salario. ¿Podrían los economistas fiduciarios afirmar que 'estamos creciendo' cuando, en realidad, estamos perdiendo capital?

3.9 LA NATURALEZA FIAT DE LA GUERRA

Fiat es un instrumento de guerra.

Su propósito es financiar guerras y continuar y aumentar la escala de los conflictos hasta que todo el valor económico de una sociedad sea consumido a través del impuesto inflacionario. Es una herramienta de guerra, utilizada principalmente para financiar conflictos y sostenerlos y expandirlos hasta que el valor económico de una sociedad se consuma mediante el impuesto inflacionario. La capacidad de imprimir dinero permite a los gobiernos financiar guerras sin aumentar inmediatamente los impuestos, lo cual podría ser impopular entre el público.

Esto puede llevar a una inflación significativa, actuando efectivamente como un impuesto oculto sobre la población, ya que el valor del dinero disminuye. La erosión del poder adquisitivo afecta a cada ciudadano, ya que los precios de bienes y servicios aumentan debido a la mayor oferta de dinero persiguiendo la misma cantidad de bienes.

Antes de la llegada de los bancos centrales y la moneda fiat, las guerras se financiaban de diferentes maneras:

1. Impuestos Directos: Los gobiernos aumentaban los impuestos para recaudar los fondos necesarios para la guerra. Esto a menudo provocaba descontento público y podía limitar la duración y la escala de los conflictos debido a la base impositiva finita.

2. Préstamos: Las monarquías y los gobiernos tomaban préstamos de individuos adinerados, banqueros, comerciantes y otras naciones. Esta deuda debía ser reembolsada, generalmente con intereses, lo que imponía una carga económica a largo plazo.

3. Devaluación de la Moneda: Los gobernantes a menudo devaluaban su moneda, reduciendo el contenido de metal precioso en

las monedas para crear más dinero. Esta era una forma temprana de inflación y tenía efectos similares en la economía, aunque era generalmente menos eficiente que los sistemas fiduciarios modernos.

4. Botín y Saqueos: Los ejércitos victoriosos saqueaban los territorios derrotados para financiar sus campañas. Este era un traslado directo de riqueza y recursos de una región a otra.

5. Comercio y Alianzas: Algunas naciones dependían del comercio o formaban alianzas con otros países para asegurar apoyo financiero y militar. Esto podía involucrar negociaciones complejas y compromisos que podrían influir en el curso y el resultado de los conflictos.

El cambio a la moneda fiat y la banca central ha transformado fundamentalmente la forma en que se financian y sostienen las guerras. Por eso, el siglo XX vio dos guerras mundiales con millones de muertes. Aunque permite una rápida movilización de recursos y conflictos prolongados, también conlleva consecuencias económicas significativas para la población. La inflación erosiona los ahorros, distorsiona las señales económicas y puede llevar a una inestabilidad a largo plazo si no se gestiona adecuadamente.

Entender el contexto histórico de la financiación de guerras resalta el profundo impacto de la política monetaria en los conflictos globales y la importancia de mantener un sistema financiero estable y transparente para mitigar los efectos adversos de la guerra en la sociedad.

3.10 LA INFLACIÓN ES EL PEOR CRIMEN CONTRA LA HUMANIDAD Y LA CIVILIZACIÓN

La inflación es el *impuesto silencioso*. Lo menciono como silencioso porque pocos, si es que hay alguno, gobiernos lo mencionan considerando lo que hace: sirve como un mecanismo para redistribuir la riqueza de los pobres a los ricos, facilitado por la máquina de imprimir dinero.

Cuando los bancos centrales aumentan la oferta monetaria imprimiendo más moneda, esto provoca un aumento general en los precios de bienes y servicios. Esta inflación afecta desproporcionadamente a las personas de bajos ingresos que dependen de ingresos fijos o ahorros denominados en la moneda devaluada.

Mientras tanto, aquellos con activos como acciones, bienes raíces o negocios a menudo ven cómo el valor de sus inversiones aumenta junto con la inflación o incluso la supera, preservando o incrementando así su riqueza.

En esencia, la inflación erosiona el poder adquisitivo de los pobres mientras que potencialmente enriquece a los ricos, exacerbando la disparidad de ingresos en la sociedad.

La inflación quita vida. Bitcoin da vida.

3.11 LOS LADRONES SON SOCIALISTAS, LOS SOCIALISTAS SON LADRONES

Desde que nos establecimos y comenzamos a trabajar en la agricultura, podemos decir que nacieron los capitalistas y los socialistas. Conoce a Juan, el capitalista, quien elegiría un territorio para trabajar durante seis meses con el fin de obtener una cosecha. Trabajo más tiempo igual a producción. Potencial de beneficio. Tiene una baja preferencia temporal. Imagina que, en el día de la cosecha, el ladrón o socialista se presenta y dice: "*Soy Pablo, he venido a recoger la cosecha, me la voy a llevar toda*". Lo más probable es que, si eres la persona que ha trabajado durante seis meses en el campo, dirías: "*De ninguna manera, esto es mío.*"

Aquí es donde nació la propiedad privada: cuando alguien declaró, "Esto es mío." También es cuando surgió el socialismo; es cuando alguien afirmó, "Lo que es tuyo también es mío." Para ser un socialista, para ser un ladrón, debes rechazar reconocer el derecho del otro a su propiedad. Así es como un ladrón justifica tomar la propiedad de otra persona. No creen en la propiedad privada; si lo hicieran, no tocarían ni desearían la propiedad ajena.

Cada socialista es un ladrón encubierto. Un socialista no quiere convencerte para que le des voluntariamente tu propiedad; no negocia por algo que tú elijas intercambiar. Para establecer el socialismo, debe tomarlo en contra de tu voluntad, recurriendo al robo, la violencia o las amenazas.

Si usara medios voluntarios, estaría en el ámbito del capitalismo, no en el del socialismo. El socialismo es robo justificado en la mente de quienes lo llevan a cabo. Desde el primer Juan, la vida ha sido una oposición entre capitalismo y socialismo. Productores de riqueza contra quienes se apropian de ella. Creación de riqueza frente a parasitismo de riqueza. Entre individuos que creen en la propiedad privada y aquellos que no lo hacen.

Bitcoin es una herramienta del capitalismo; es el *epítome* de la propiedad privada.

3.12 LA VERDADERA RAZÓN POR LA QUE LOS POLÍTICOS PRESIONAN PARA REGULAR LA ECONOMÍA

Nos están jugando, extrayendo nuestro valor económico. Cuando regulas la economía, tienes la oportunidad de conceder privilegios, preferencias, de vender tus posiciones, de ser presionado... Obtienes información privilegiada sobre lo que va a suceder porque cambias las reglas del juego; tú estableces las reglas del juego. Con esa información privilegiada, puedes apalancar tus posiciones y obtener rendimientos de órdenes de magnitud mayores que si simplemente estuvieras compitiendo en una economía libre y no regulada.

En un mercado libre, tengo que competir ofreciendo el mejor servicio, el mejor producto, los mejores precios, los tiempos más cortos y la mayor satisfacción del cliente. Debo hacer suposiciones sobre cuáles serán las futuras preferencias de los consumidores. Puedo fallar en mis evaluaciones y enfrentar la quiebra o perder el dinero de los inversionistas.

3.13 LA VERDADERA RAZÓN DE SER DE LOS BANCOS CENTRALES

La banca central es una estafa orquestada por bancos y gobiernos. Es un método relativamente reciente de engañar a la gente, con una vida útil promedio de solo unos cien años, dependiendo del país. La razón de su existencia es evitar que los bancos y gobiernos quiebren, siempre a expensas de la población. Es un mecanismo para trasladar todas las malas decisiones y riesgos al trabajador promedio, que paga por los errores a través del impuesto oculto de la inflación.

Aquí hay un riesgo moral en juego. Cuando los bancos obtienen beneficios, conservan las ganancias, pero cuando ocurren pérdidas, se puede crear dinero nuevo para rescatar a los bancos. De manera similar, si los políticos gastan en exceso y los gobiernos tienen déficits, se puede crear dinero nuevo para cubrir la diferencia. Antes de los bancos centrales, si un banco tomaba malas decisiones, podía no haber nadie capaz de salvarlo y el banco podría quebrar. Lo mismo se aplicaba a los gobiernos y las monarquías. Había un beneficio en tomar decisiones correctas y un castigo por las malas.

Los Bancos Centrales representan una unión o matrimonio, si lo prefieres, entre bancos y gobiernos, ya que han ideado un medio para protegerse al legalizar la falsificación exclusivamente para su beneficio, nunca para el pueblo. Países como Argentina sirven como ejemplos primarios de cómo los bancos centrales evolucionan en mecanismos que drenan el alma, extrayendo el 99.9999999% del valor de sus monedas. Incluso los bancos centrales menos extravertidos, como la Reserva Federal de EE. UU., han agotado el 99% del valor del dólar. Considera esto: si necesitabas cien dólares en 1910 para hacer una compra, hoy necesitarías diez mil dólares para la misma compra. El dinero está fundamentalmente roto en todos los países, y los bancos centrales son los culpables.

La impresión de dinero también otorga poder discrecional. Quienes controlan la impresora de dinero pueden decidir a voluntad qué bancos dejar fallar y cuáles salvar, tal como un emperador romano daría el pulgar hacia arriba o hacia abajo sobre quién iba a vivir. Tener la impresora de dinero es una gran tentación. Incluso en el mundo de las criptomonedas, todos (excepto los bitcoiners) quieren tener la capacidad de imprimir dinero a voluntad y la discreción para decidir a quién se asigna ese dinero. Los Bancos Centrales son un mecanismo para robar a los pobres. Es un mecanismo de redistribución de riqueza de los pobres a los ricos, que están en la cima controlando los bancos y el gobierno.

La naturaleza discrecional del control sobre las tasas de interés permite a políticos y banqueros corruptos beneficiarse enormemente de las decisiones que toman. Pueden crear booms y recesiones a voluntad. Imagina lo que podrías hacer si supieras qué política vas a implementar.

Es ingenuo asumir que todos los banquero centrales en todos los países son ángeles que no informarán a sus 'amigos', 'Oye, vamos a subir las tasas de interés mañana', o 'Oye, vamos a devaluar la moneda mañana'.

Necesitamos terminar con la banca central ahora.

Afortunadamente, *con Bitcoin podemos prescindir de la banca central.*

3.14 TODA LEY GUBERNAMENTAL TIENE DETRÁS LA PUNTA DE UNA PISTOLA

No existen leyes gubernamentales sin la amenaza de violencia física para respaldarlas. Una ley establece: quien infrinja esta ley será castigado en consecuencia. Incluso algo tan trivial como prohibir fumar dentro de un restaurante se hace cumplir con fuerza. Imagina tratar de desafiar una regulación tan simple. Eres el dueño del restaurante y crees que la gente debería poder fumar dentro de tu establecimiento. Lo llamas 'El Restaurante Humeante'. Tus clientes también desean fumar, así que lo permites en tus instalaciones.

Un día, un inspector municipal llega y te informa: "Está prohibido fumar dentro de los restaurantes, y estás rompiendo la ley." Tu respuesta es: "Aquí, somos fumadores y seguiremos fumando." Poco después, el inspector llama al policía más cercano, quien repite el mismo mensaje. Tú y tus clientes persisten en fumar, afirmando su libertad de hacerlo dentro de tu propiedad privada, Restaurante Humeante. El policía entonces solicita: "Por favor, acompáñenme a la comisaría." Tú te niegas, diciendo firmemente: "No, no voy a ir a ningún lado." El policía pide refuerzos, y pronto llegan cinco policías, intentando sujetarte por el brazo. Al creer que no tienen derecho a tocarte, intentas liberarte de su agarre.

Pronto te darás cuenta de que, según ellos, no se supone que debes defenderte. Ellos tienen el derecho de tocarte, de registrarte, de golpearte con un palo, de secuestrarte en su coche y de encerrarte en una celda. Claro, podrías decir: ¿por qué ser tan extremista? ¡Alguien tiene que hacerlo! El punto que trato de hacer es que cada ley, por banal que sea, como la de prohibir fumar dentro de una propiedad privada, tiene que terminar en la muerte del infractor si el infractor cree que está en su derecho y se defiende.

Lo que suele ocurrir en muchos países es que la ley se aplica principalmente a quienes son fáciles de identificar. La policía y los reguladores "cazan dentro de un zoológico", en un ámbito definido y controlado. Aquellos que no cumplen con la ley y se vuelven "difíciles", atraen la atención del regulador, desviando la atención hacia otro lugar.

Este enfoque depende del uso del poder y la autoridad para garantizar el cumplimiento de leyes y regulaciones, a menudo dejando a los individuos con poco margen para la toma de decisiones voluntarias. En tal sistema, el gobierno ejerce control a través de diversos medios, incluidas las fuerzas del orden, regulaciones y la amenaza de acciones punitivas. Este método tiene como objetivo mantener el orden y la estabilidad, pero también puede llevar a una sociedad en la que el miedo y la coacción eclipsan la libertad personal y la autonomía. La dependencia inherente de la fuerza plantea preguntas sobre el equilibrio entre seguridad y libertad, y si un enfoque más consensual podría lograr los mismos objetivos sin socavar los derechos individuales.

Este es un enfoque superior: una sociedad basada en interacciones y transacciones voluntarias y consensuales, sin coacción ni explotación. Implica organizar la sociedad de manera que todas las partes involucradas elijan participar activamente. Esta es la esencia de lo que abogan los defensores de Bitcoin.

3.15 UNA SOCIEDAD LIBRE Y ABIERTA

Solo el sector privado puede ofrecer interacciones voluntarias. Por eso los bitcoiners son constructores. Si queremos crear un mundo con menos interacciones coercitivas (menos violaciones y robos), debemos desarrollar productos y servicios que incentiven a las personas a elegir el sector voluntario—la empresa capitalista—sobre la opción gubernamental impuesta por la ley y la policía. En la sección "Futuro de Bitcoin", discutiremos cómo Bitcoin también llevará a gobiernos más alineados con la libertad y menos dependientes de la fuerza.

3.16 QUÉ ES LA ECONOMÍA - NUESTRO TIEMPO FINITO EN LA TIERRA

En la historia, hubo un punto de quiebre cuando el homo animal, que antes vivía como cualquier otro animal, buscó mejorar sus condiciones. Descubrimos el fuego hace alrededor de un millón a 800.000 años, inventamos el lenguaje solo hace 50.000 años, y aprendimos a practicar la agricultura y a asentarnos, cesando nuestras andanzas nómadas hace 12.000 a 8.000 años. Esta progresión nos ha llevado por el camino de mejorar nuestra condición, desde la mera supervivencia hasta Bitcoin y más allá. Desarrollamos el pensamiento racional, conceptos abstractos, matemáticas, teorías y religiones. Descubrimos el dinero, la división del trabajo, el concepto de justicia, armas y propiedad privada. El concepto de tiempo se convirtió en integral para nuestra existencia. Nos convertimos en *'homo economicus'*.

Homo economicus es la criatura que ha resuelto mejorar su condición. Tenemos un tiempo finito en esta vida; esta es nuestra escasez última, el recurso que no puede ser falsificado. Solo podemos proyectar nuestra conciencia hacia adelante en nuestros hijos, en las próximas generaciones. Dado tu tiempo finito en la Tierra, ¿cuál será tu experiencia? ¿Una mera supervivencia, o te esforzarás por obtener la mejor experiencia posible? ¿Cuál será el mejor uso de tu moneda última, tus segundos de vida? ¿Elegirás el sacrificio en el sentido de seleccionar la peor opción, o optarás por lo que crees que será lo mejor para ti y para quienes te importan? Después de esta elección viene la acción; la acción requiere trabajo.

Cada organismo vivo trabaja para vivir. Cada organismo vivo consume insumos para producir resultados. Entre insumo y resultado, debe haber un excedente, una ganancia. El día en que la célula comience a consumir más de lo que produce es el día en que ese organismo empieza a morir. La vida es trabajo. La ausencia de trabajo es muerte. La vida es trabajo continuo, y eso es algo bueno; la vida es una fuerza que lucha contra la nada y elige ser algo, por un tiempo.

Hay una línea directa que te conecta con el primer organismo vivo. El organismo vivo inicial dejó una parte de sí mismo para desarrollarse en el siguiente organismo vivo. Posteriormente, ese organismo pasó una porción de su código y átomos al siguiente, y así sucesivamente—el proceso de codificación del ADN. Estás compuesto por partes iguales de tu padre y madre, literalmente hecho de ellos—una continuación de su esencia, que se extiende a través de todas las generaciones anteriores hasta el surgimiento de la vida hace miles de millones de años.

Economizar es un intento de usar nuestros recursos finitos de la manera que consideremos mejor. Tomamos decisiones basadas en lo que sabemos en el momento; no podemos predecir el futuro, solo estimarlo. Economizar implica lograr el mejor resultado posible utilizando los pocos recursos disponibles. Se trata de maximizar el beneficio, crear riqueza y sostener la vida.

Vienes de ser un animal que solo sobrevive en la jungla, el desierto o la sabana. Ahora, mira a tu alrededor. Todo lo que ves—la casa en la que estás, el papel o pantalla donde estás leyendo esto, Bitcoin, el idioma que estás usando—es todo artificial, creado por el hombre. Alguien lo inventó, alguien lo produjo, alguien quiso vivir proporcionando eso.

La riqueza debe ser creada, y se origina únicamente en la mente humana y en la acción humana. La única limitación para la riqueza y el progreso humano es el tiempo que dedicamos al trabajo. Tienes la opción de aprovechar el tiempo a tu favor: aprendiendo del pasado, actuando en el presente y especulando sobre el futuro. Esto implica desarrollar una preferencia temporal: ¿te concentrarás únicamente en el hoy, o también considerarás tu bienestar para el mañana? ¿Estás dispuesto a invertir en tu futuro?

Uno de los mejores ejemplos que les gusta usar a los economistas austríacos es la historia de un pescador. Solo puede atrapar dos peces al día con sus manos desnudas, que es lo que necesita para mantener su vida. Para construir una lanza que especula le permitirá atrapar cuatro peces al día, tiene que dejar de pescar durante dos días. Tiene que invertir su tiempo y recursos, renunciando al consumo para obtener un beneficio futuro, una posible ganancia y resultado futuro. Quizás está equivocado, y la lanza no sirve. Quizás está equivocado y atrapa seis peces al día en lugar de cuatro. Se abstiene durante dos días, construye una lanza, y tenía razón; ahora puede atrapar cuatro peces al día. Ahora tiene una ganancia; puede ahorrar dos peces adicionales al día. Puede pagar a otro hombre dos peces al día durante un mes para que le proporcione una red para pescar. Este intercambio fue voluntario y supuso confianza. Pero ahora el pescador puede atrapar diez peces al día.

Si hubiera sido perezoso o preocupado por 'sacrificar' dos días sin consumo, ayunando, nunca habría emprendido el camino de mejorar su condición construyendo la primera lanza.

Su búsqueda del interés propio lo llevó al camino de adquirir una lanza y, eventualmente, una red de pesca. Ahora, con ocho peces adicionales por día, puede introducir esta nueva abundancia en el mercado. El mercado prospera gracias a las interacciones voluntarias; una persona puede intercambiar cocos por peces, mientras que otra podría ofrecer sal o aceite de oliva. Cada participante participa en el comercio porque cree que se beneficiará del intercambio. Pueden estar equivocados, pero es su error cometerlo—una valiosa experiencia de aprendizaje. En última instancia, el comercio beneficia a todas las partes involucradas. Una economía de mercado libre opera sobre el consentimiento; recurrir a la coerción o amenazas para facilitar el comercio se adentra en territorio criminal.

El pescador acumuló capital al renunciar temporalmente al consumo e invertir en la tecnología de la lanza y en la tecnología de redes de pesca. Como resultado, ahora atrapa ocho peces al día, en comparación con su producción anterior de un pez cada cuatro horas de trabajo, ahora aumentada a cinco peces cada cuatro horas. Esto representa un progreso económico, ya que implica la multiplicación del tiempo al liberar más tiempo.

Imagina por un momento que tuvieras que ser autosuficiente en el sentido de que no pudieras participar en el comercio económico con otros seres humanos. Tendrías que aprender a hacer tu propia ropa, cazar tus propios animales y construir tu propia casa; esencialmente estarías viviendo como Tarzán en la jungla. Sin hospitales, sin medicamentos, sin electricidad, sin iPhones, sin Bitcoin. A aquellos que abogan por regresar a la autosuficiencia, les digo que no hay nada que te impida ir a la jungla y vivir como Tarzán. La civilización es opcional, pero requiere trabajo.

3.17 ECONOMÍA AUSTRIACA

La economía austríaca es el estudio de la acción humana. Se diferencia de la economía enseñada en las universidades y colegios de la cultura fiat. No presupone que todos los actores actúen de manera racional o posean información perfecta. En su lugar, ofrece una comprensión humana de la economía, reconociendo que somos individuos imperfectos que actúan basados en lo que creemos que es mejor, reconociendo nuestro conocimiento limitado y nuestra propensión a cometer errores. La economía austríaca reconoce que el conocimiento es descentralizado y está en constante evolución. Aboga por organizar la sociedad y la economía a través de interacciones voluntarias, enfatizando que siempre que un planificador central establezca el rumbo de la economía con '*buenas intenciones*,' está pavimentando *el camino hacia el infierno*.

3.18 UN PRECIO DE MERCADO COMO UNA SÍNTESIS DE TODOS LOS CONOCIMIENTOS Y PREFERENCIAS HUMANAS

En una sección anterior, exploramos el concepto de una función hash, que genera un número identificador único a partir de un conjunto finito de opciones basado en un conjunto de información dado.

En una economía libre, el precio de mercado refleja la suma de todo el conocimiento y las preferencias individuales condensadas en una sola cifra. Este precio no es estático; las preferencias y el conocimiento están en constante cambio, por lo que se esperan fluctuaciones en los precios. Calcular un precio de mercado es un proceso complejo que ningún aspirante a planificador central puede lograr, ya que no puede acceder a las mentes y preferencias de cada individuo participante. En cambio, puede recurrir a usar la fuerza para imponer un precio artificial que considere óptimo, que puede diferir del precio de mercado.

3.19 LA ECONOMÍA ES FRACTAL

La economía se comporta como un fractal, con patrones y estructuras similares apareciendo en múltiples escalas dentro del sistema económico, reflejando una naturaleza autosimilar. Esto ayuda a entender la complejidad inherente y la interconexión de las actividades económicas. A continuación, se presentan varias razones y ejemplos que ilustran por qué la economía es fractal:

Estructuras y Patrones de Mercado: Los mercados financieros exhiben patrones fractales en los movimientos de precios y volúmenes de negociación. Por ejemplo, las fluctuaciones en los precios de las acciones durante períodos cortos a menudo se parecen a las fluctuaciones observadas en períodos más largos. Esta autosimilitud es una característica distintiva de los sistemas fractales, sugiriendo que los mecanismos que impulsan el comportamiento del mercado son consistentes a través de diferentes escalas temporales.

El '*Conjunto de Mandelbröt*', un famoso fractal que sólo pueden dibujar los ordenadores. Imagen Wikipedia

Cadenas de Suministro: La estructura de las cadenas de suministro también puede verse como fractal. Un negocio local puede obtener materiales de diversos proveedores, cada uno de los cuales tiene su propia red de proveedores. Esta estructura jerárquica y anidada se puede observar en múltiples niveles, desde pequeñas empresas hasta corporaciones multinacionales, demostrando un patrón repetitivo de dependencia e interacción.

Ciclos Económicos: Los ciclos empresariales (expansiones y contracciones) son otro ejemplo de comportamiento fractal. Pequeños choques económicos pueden repercutir a través de la economía, dando lugar a ciclos mayores de expansión y contracción. De manera similar, los patrones de crecimiento a largo plazo de la economía pueden exhibir ciclos similares a una escala más grande, reflejando la naturaleza fractal de las dinámicas económicas.

Comprender la economía como fractal proporciona valiosos conocimientos sobre su resiliencia y vulnerabilidad. Destaca la importancia de las acciones y políticas locales, reconociendo que los cambios en un nivel pueden influir en todo el sistema. Esto también enfatiza la necesidad de soluciones holísticas, considerando la interconexión y los efectos en cadena dentro de la economía.

3.20 EL MECANISMO DE MERCADO COMO UNA ENTIDAD

*"Al preferir el apoyo a la industria nacional sobre el de la industria extranjera, solo busca su propia seguridad; y al dirigir esa industria de manera que su producción tenga el mayor valor posible, solo busca su propio beneficio. En esto, como en muchos otros casos, se ve guiado por una **mano invisible** para promover un objetivo que no era parte de su intención."*

—Adam Smith

Cuando comparamos cómo funcionan nuestros cerebros, aprendiendo de errores pasados, cometiendo nuevos errores, reuniendo miles y millones de puntos de datos a lo largo de nuestra vida para tomar las mejores decisiones posibles, y vemos cómo las redes neuronales actuales de las IA están modeladas a partir de nuestros cerebros mediante simulaciones estadísticas, podemos empezar a ver el mercado como una entidad supra que trabaja hacia un resultado que no podemos conocer. Cada interacción económica voluntaria es una computación, una elección que intenta beneficiar a las dos partes involucradas. Es una transformación de lo peor a lo mejor.

¿Cuál será el resultado de esta computación? ¿Alguna vez se detiene? ¿Es el ascenso de la IA? ¿Qué surgiría de la interacción entre IA en el mercado? ¿Qué viene después de la IA? ¿Consumir toda la energía posible para computar, para vivir, para expandir la conciencia infinitamente hasta que toda la materia sea puesta a computar, a pensar? ¿Qué pasaría si toda la materia ya está computando y no podemos verlo aún? Así como un perro no puede entender nuestra racionalidad y así como hubo un momento en el que no teníamos racionalidad, podría haber un paso por encima de la racionalidad que ahora no comprendemos. Y un paso más allá de ese. ¿Puede una hormiga entenderte? Puede que nunca seamos capaces de entender la IA.

Así como las células en tu cuerpo envían señales a otras células, con proteínas mensajeras y hormonas para regular un 'equilibrio', el mercado está constantemente enviando señales sobre lo que se está demandando, lo que ya no se necesita, lo que se prefiere, lo que se debe hacer a continuación.

3.21 EL IVA Y EL IMPUESTO SOBRE LA RENTA SON VARIANTES DE LO MISMO

Países como Argentina tienen un Impuesto al Valor Añadido (IVA) del 21% y un Impuesto a las Ganancias del 35%. La justificación detrás de estos dos impuestos "diferentes" es que uno grava el 'valor añadido' y el otro grava los 'beneficios'.

Vamos a profundizar en el impuesto sobre la renta primero: para las corporaciones, se calcula después de deducir los gastos de los ingresos. Si tu empresa obtiene $363.000 en ingresos y tiene $121.000 en gastos, pagas el 35% de la ganancia, que equivale a $242.000. El impuesto total sobre la renta es de $84.700. Para los individuos, se calcula restando la renta de unas pocas deducciones permitidas.

El IVA funciona de manera similar. Tus gastos son $100.000 más IVA, y pagas $121.000 por tus compras. Tus ventas son $300.000 más IVA, y recibes $363.000 de tus clientes. La diferencia entre el IVA de ventas ($63.000) y el IVA de compras ($21.000) es lo que debes pagar al gobierno como IVA. Por lo tanto, al restar $21.000 de $63.000, debes $42.000 al gobierno.

Observa que, aunque los métodos de cálculo difieren, el resultado es el mismo. Lo que varía de un impuesto a otro es que en el IVA hay algunos gastos que no puedes deducir, como la nómina de tus empleados. Es probable que tus empleados no te proporcionen una factura con IVA. Aunque podrías recibir facturas con IVA de abogados o contadores, tus empleados principales no lo hacen. En el IVA, no puedes deducir gastos de otros impuestos, mientras que en el impuesto sobre la renta, puedes deducir lo que has pagado en otros impuestos.

Mi argumento es que estos dos impuestos son muy similares y se separaron en dos porque afirmar que estamos gravando el 56% de lo que produces es impopular.

Si todos los impuestos se pagaran debidamente, entonces el 56% de la economía iría al gobierno, ya que todo lo que ves a tu alrededor, toda la riqueza que existe, es valor añadido. Más de la mitad de la vida de una persona se dedica a navegar entre estos dos impuestos, lo que es comparable a la esclavitud moderna.

3.22 CBDC - BANCA CENTRAL CON ESTEROIDES

Una nueva amenaza global se perfila en el horizonte: el auge de las Monedas Digitales de Banco Central (CBDC, por sus siglas en inglés). Inspirados por las criptomonedas y el gobierno comunista chino, muchos de los bancos centrales del mundo han comenzado a experimentar con la idea y el proyecto de lanzar su propia versión digital del dólar, euro, etc.

Su objetivo es tener una sociedad completamente bajo la vigilancia del banco central, donde cada miembro de la población tenga una aplicación en su teléfono con un saldo digital de dinero en el libro mayor del banco central. Este control centralizado de todo el dinero de las personas propicia una dominación total. El estado sabrá todo lo que haces, dónde lo haces, tus preferencias y tu cuenta será manipulada a distancia.

A los teóricos de la Monetarismo Moderno les encantaría experimentar con la economía. ¿No hay suficiente gasto? Hagamos que si no usas tus dólares digitales, controlados centralmente, caduquen o se reduzcan en valor. Imagina lo que podría hacer un gobierno corrupto: congelar la cuenta de los disidentes o deshabilitar tu capacidad para recibir nuevos fondos.

Con la Agenda 2030 en mente, podrían rastrear el CO^2 de los productos y servicios que compras y poner límites en ello. ¿Hiciste un vuelo transatlántico este año? No podrás volar más. ¿Comiste carne? No más para ti, aquí tienes polvo de proteína de grillo. Las CBDC son el sueño húmedo de todo socialista y dictador en potencia. Toda la vida de la población a tu discreción.

3.23 LAS CBDC SON PERONISMO

En marzo de 1946, el general militar argentino Perón solicitó al presidente Farrell la nacionalización del Banco Central y nombró a Miguel Miranda como Presidente de la Junta. Los presidentes del Banco de la Nación, Banco de Crédito Industrial Argentino y Banco Hipotecario Nacional formaban parte de la junta del Banco Central.

Un mes después, un decreto presidencial resultó en lo que se llamó "la nacionalización de los depósitos bancarios": el Banco Central garantizaría todos los depósitos bancarios, fijaría la tasa de interés a ser pagada a los depositantes y compensaría a los bancos por esos pagos. Los bancos no podrían utilizar los depósitos para prestar a sus clientes, pero el Banco Central descontaría préstamos pasados y futuros y otras inversiones bancarias en montos y condiciones (propósito de los préstamos, tasas de interés y plazos) que serían preestablecidos para cada banco individual. En la práctica, los bancos actuarían como meros ejecutores del Banco Central, que se convertiría en la única institución capaz de decidir la asignación del crédito y sus condiciones.

4. El futuro de Bitcoin

4.1 BITCOIN HA DECLARADO JAQUE MATE AL FIAT

Ocho días después del Bloque Génesis (el lanzamiento de Bitcoin el 3 de enero de 2009), Hal Finney, un pionero en informática y *cypherpunk*, respondió al correo electrónico de anuncio del lanzamiento de Bitcoin de Satoshi con algunas reflexiones sobre cómo Bitcoin podría apreciarse con el tiempo. Escribió:

```
Para: satoshi@vistomail.com
Cc: bitcoin-list@lists.sourceforge.net,
criptography@metzdowd.com
Fecha: Sáb, 10 de enero de 2009 18:22:01 -0800 (PST)
De: hal@finney.org ("Hal Finney")

Satoshi Nakamoto escribe:
> Anunciando el primer lanzamiento de Bitcoin, un
nuevo sistema de dinero electrónico
> sistema de dinero electrónico que utiliza una red
peer-to-peer para evitar el doble gasto.
> Está completamente descentralizado, sin servidor ni
autoridad central.
>
> Ver bitcoin.org para capturas de pantalla.
>
> Enlace de descarga:
> http://downloads.sourceforge.net/bitcoin/
bitcoin-0.1.0.rar

Enhorabuena a Satoshi por esta primera versión alfa.
Estoy deseando probarla.


> La circulación total será de 21.000.000 de monedas.
Se distribuirá
> a los nodos de la red cuando hagan bloques, con la
cantidad reducida a la mitad
> cada 4 años.
>
> Primeros 4 años: 10.500.000 monedas
> siguientes 4 años: 5.250.000 monedas
> 4 años siguientes: 2.625.000 monedas

> 4 años siguientes: 1.312.500 monedas
> etc.

Es interesante que el sistema pueda configurarse
para que sólo se genere un determinado número máximo
```

de monedas. Supongo que la idea es que la cantidad de trabajo necesaria para generar una nueva moneda sea más difícil a medida que pasa el tiempo.

Un problema inmediato de cualquier nueva moneda es cómo valorarla. Incluso ignorando el problema práctico de que prácticamente nadie la aceptará al principio, sigue siendo difícil encontrar un argumento razonable a favor de una moneda concreta no zíngara.
razonable a favor de un valor particular distinto de cero para las monedas.

Como divertido experimento mental, imaginemos que Bitcoin tiene éxito y se convierte en el sistema de pago dominante en todo el mundo. Entonces el valor total de la moneda debería ser igual al valor total de toda la riqueza del mundo. Las estimaciones actuales de la riqueza total de los hogares de todo el mundo que he encontrado oscilan entre 100 y 300 billones de dólares. Con 20 millones de monedas, eso da a cada moneda un valor de unos 10 millones de dólares.

Así que la posibilidad de generar monedas hoy con unos pocos céntimos de tiempo de computación puede ser una apuesta bastante buena, ¡con una rentabilidad de algo así como 100 millones a 1! Aunque las probabilidades de que Bitcoin tenga tanto éxito son escasas, ¿son realmente de 100 millones a 1 en contra? Algo en lo que pensar...

Hal

Me parece bastante asombroso que cuando Bitcoin tenía solo siete días y apenas un par de personas estaban en la red ejecutando el software, y la moneda no tenía valor, ya hubiera un usuario estimando que Bitcoin podría valer 10 millones de dólares algún día. Qué visión tan poderosa. Sin embargo, las predicciones de precios de Hal estaban en términos reales, es decir, en el poder adquisitivo equivalente de los dólares de 2009. Por lo tanto, podemos hacer un nuevo cálculo pensando en términos nominales; es decir, ¿qué pasaría con el dinero fiduciario durante una hiperbitcoinización? Consideremos cómo se desarrollará el proceso de adopción de Bitcoin en términos de precio.

ESCENARIO A, 1% de adopción

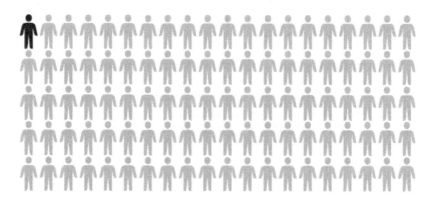

Realicemos algunos cálculos y simplificaciones para entender el proceso de monetización de Bitcoin..

Comencemos con el ESCENARIO A, donde Bitcoin está a 50.000 $ por Bitcoin y tiene una capitalización de mercado de alrededor de 1 billón de dólares. Vamos a suponer, para el propósito de este experimento mental, que el total del mercado monetario mundial equivale a 100 billones de dólares. Por lo tanto, Bitcoin tendría alrededor del 1% del mercado monetario y podemos decir que tiene una penetración de mercado del 1%. El dinero fiduciario representa el 99% del mercado.

ESCENARIO B, 10% de adopción

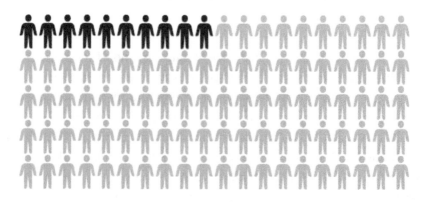

Pasan unos años y, tras uno, dos o tres ciclos de auge y caída, Bitcoin alcanza una adopción del 10% del mercado o un precio similar a $500.000 por Bitcoin. Esto significa que, si el mundo estuviera compuesto solo por 100 individuos, 9 personas se unirían al barco de Bitcoin y, para hacerlo, tendrían que gastar su dinero fiduciario para adquirir esos Bitcoins. El dinero fiduciario iría a manos de las 90 personas que aún permanecen en el mundo fiduciario. Estas 90 personas ahora poseen 100 piezas de dinero fiduciario, teniendo efectivamente un 10% más de dinero fiduciario que antes. Esto significa que eventualmente experimentarían una inflación del 10% en los precios denominados en dinero fiduciario. La única forma de evitar esto sería que los gobiernos retiren ese 10% adicional de circulación, reduciendo así la oferta de la moneda fiat.

¿Qué experimentan los bitcoiners cuando pasamos del 1% de adopción al 10% de adopción? Hiperdeflación. Justo como los bitcoiners han experimentado desde el comienzo de Bitcoin. Si una taza de café costaba 10.000 sats o $5 al 1% de adopción, entonces disminuiría a solo 1.000 sats al 10% de adopción. Si contamos con la inflación del 10% en dinero fiduciario, el nuevo precio del café sería $5,50 o 1.100 sats.

ESCENARIO C, 50% de adopción

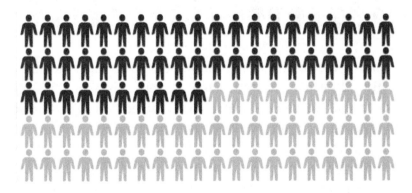

Bitcoin ha alcanzado la mitad del mercado monetario mundial, con una participación del 50%. En este mundo de solo 100 habitantes, esto significa que 50 individuos se han deshecho de su dinero fiduciario y se lo han entregado a los 50 individuos que aún permanecen en el sistema fiduciario. Las personas que permanecen en el sistema fiduciario ahora tienen el doble de dinero, lo que resulta en una inflación del 100%, es decir, una duplicación de los precios debido a que tienen el doble de dinero fiduciario.

El bitcoiner experimenta una hiperdeflación de precios, con una disminución a 1/5 de lo que eran antes. En este escenario, el precio de Bitcoin sería de $2.500.000 (en términos reales o dólares del ESCENARIO A) por Bitcoin. Sin embargo, medido en dólares del ESCENARIO C, devaluados e inflacionados en un 100%, el precio de un BTC es $5.000.000. La misma taza de café ahora cuesta 200 satoshis o $10.

ESCENARIO D, 99% de adopción

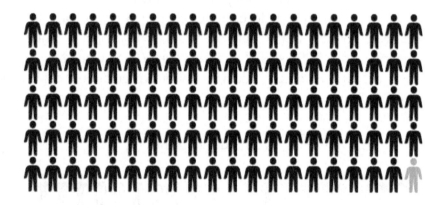

En este escenario, estamos en un mundo de hiperbitcoinización donde Bitcoin alcanza una adopción del 99%. Esto significa que 49 individuos más se unen al barco de Bitcoin, deshaciéndose de su dinero fiduciario, dejando solo a una persona con todo el dinero fiduciario para sí misma. Ese individuo solitario experimentará un aumento de 100 veces en los precios del dinero fiduciario. Mientras tanto, los bitcoiners solo experimentan una reducción a la mitad de sus precios. El café con leche sube a 100 satoshis, y en términos de dinero fiduciario, se hiperinflacionará a $500. Medido en dólares del ESCENARIO A, el precio de Bitcoin es de $5.000.000. Sin embargo, dado que las monedas fiat estarían prácticamente muertas, hiperinflacionadas, el precio de Bitcoin medido en dólares del ESCENARIO D es de $500.000.000.

A medida que Bitcoin avanza, el dinero fiduciario se devalúa aún más rápido. Bitcoin se monetiza a través de la deflación, mientras que la moneda fiat se desmonetiza a través de la hiperinflación. ¿Qué elegirías?

La existencia de Bitcoin es un jaque mate al dinero fiduciario. Solo es cuestión de tiempo. Cuando tienes una moneda que está hiperdeflacionando, aumentando enormemente tu poder adquisitivo, y otra moneda que está hiperinflacionando, reduciendo enormemente tu poder adquisitivo, la decisión es obvia. La Ley de Gresham entra en juego, la ley económica que establece que la presencia simultánea de dinero malo y dinero bueno en la economía hace que las personas quieran deshacerse primero de su dinero malo y acumular o HODL su dinero bueno.

4.2 ESCENARIO Z - BITCOIN ENSEÑA A LOS GOBIERNOS A COMPORTARSE COMO BITCOIN

La alternativa a los escenarios explicados en la sección anterior es que los gobiernos se den cuenta de que la gente ahora tiene una alternativa, una forma de escapar del corral en el que se han visto atrapados con las monedas fiat. A medida que la adopción de Bitcoin crece, los gobiernos deben reconocer la necesidad de ofrecer una alternativa competitiva. La única forma de detener la inflación y la hiperinflación de sus monedas fiat es que los gobiernos dejen de imprimir y realmente retiren dinero de circulación.

Esto significaría que los gobiernos necesitarían tener un superávit en sus tesorerías, algunos ahorros para los escenarios explicados en la sección anterior es que los gobiernos se den cuenta de que la gente ahora tiene una alternativa, una forma de escapar del corral en el que se han visto atrapados con las monedas fiat. A medida que la adopción de Bitcoin crece, los gobiernos deben reconocer la necesidad de ofrecer una alternativa competitiva. La única forma de detener la inflación y la hiperinflación de sus monedas fiat es que los gobiernos dejen de imprimir y realmente retiren dinero de circulación.

Esto también requiere que los gobiernos no tengan más déficits sino, en cambio, un superávit, la única forma de salvarse verdaderamente. Esto estabilizaría, al menos, los precios de los bienes y servicios medidos en dinero fiduciario.

¿Crees que los gobiernos que han estado continuamente en estado de déficit, esencialmente estando perpetuamente quebrados, gobiernos que han dependido de extraer furtivamente la riqueza de su población, cambiarán de rumbo y estarán dispuestos a operar con un superávit, y también a reducir la oferta de moneda fiat?

Si eso ocurriera, significaría que Bitcoin ha cambiado a los gobiernos del mundo.

Este ESCENARIO Z significa que Bitcoin ha enseñado a los gobiernos y bancos centrales a comportarse y a competir con una mejor forma de dinero. Otra variante de este escenario es que los bancos centrales también decidan adquirir Bitcoin para sus reservas, tal como lo hacen hoy con las reservas de oro. Los bitcoiners también habrán ganado en este escenario, ya que Bitcoin habrá introducido competencia en el mercado monetario, mejorando la calidad del dinero fiduciario.

Pero, como ha sucedido innumerables veces en el pasado, un patrón oro no es tan seguro como tener oro real. Los gobiernos incumplen sus promesas precisamente cuando la gente necesita su dinero más, especialmente en recesiones. Una moneda fiat respaldada por Bitcoin es tan arriesgada como una moneda fiat respaldada por oro. Afortunadamente, con Bitcoin, es posible custodiar tu propio Bitcoin y no depender de ningún tercero. Puedes ser soberano en Bitcoin si adquieres el conocimiento necesario.

4.3 PARA ESTABILIZAR ARTIFICIALMENTE LOS PRECIOS ALGUIEN TIENE QUE ROBAR EL AUMENTO DE PRODUCTIVIDAD

La única manera de estabilizar los precios en una economía en crecimiento es sacar la deflación de la gente. En una economía no intervenida, el crecimiento económico se traduce en precios más bajos. Al ocultarse detrás de la máscara de 'La deflación es mala', los banquero centrales y los políticos pueden justificar la impresión de dinero y robarte en la *neblina* de esa deflación.

4.4 EL FIAT UNO

Todos hemos oído historias sobre las primeras transacciones de Bitcoin. Quizás la más famosa es la oferta realizada en el foro de Bitcoin Talk, donde Lazlo pagó 10.000 Bitcoin por dos pizzas grandes de Papa John's. Al momento de escribir esto, esas son las pizzas más caras de la historia, ya que esos 10.000 Bitcoin ahora valen más de 200 millones de dólares.

En Argentina, tenemos la historia de Luis Daniel, un gamer que comenzó a minar Bitcoin en su casa desde temprano y realizó su primera compra de auto usado gracias a Bitcoin. Luis pagó 77 BTC a cambio de $25.000 pesos en 2013, que era alrededor de 3.000 USD en ese momento. Compró un Fiat Uno 2005, un coche diseñado en los años 80 que se produjo en Argentina hasta principios de los 2000.

FIAT UNO MODELO 2005

Al momento de escribir esto, un Bitcoin vale más de 80 millones de pesos cada uno en Argentina. Así que si Luis hubiera mantenido sus monedas en lugar de venderlas por $25.000 pesos, ¡ahora tendría más de seis mil millones de pesos en solo once años! Esto muestra el poder de Bitcoin en un país inflacionario como Argentina. En dólares estadounidenses, sus $3.000 ahora valdrían más de 5 millones de dólares. Curiosamente, el precio de un Fiat Uno 2005 todavía ronda los $2.700 USD, lo que indica no la grandeza del coche Fiat, sino más bien la inflación del dólar, que está casi a la par con la depreciación de los autos usados.

4.5 ACEPTE LA VOLATILIDAD, NO HAY FORMA DE EVITARLA

Oigo a la gente decir: "*Bitcoin será dinero cuando deje de ser volátil.*" Mark Cuban, un famoso multimillonario estadounidense, dijo una vez: "*Invertiré en Bitcoin cuando mi abuela use Bitcoin.*" Están perdiendo el punto.

Satoshi introdujo una nueva forma de dinero en 2009. Inicialmente, valía cero y no exhibía volatilidad. La gente enviaba libremente miles de bitcoins. Los sitios web de Bitcoin, conocidos como 'faucets', ofrecían 5 bitcoins gratis a quien los visitara. Luego vinieron las famosas dos pizzas del 22 de mayo de 2010, marcando un momento histórico celebrado cada año como el Bitcoin Pizza Day en todo el mundo.

Si tu objetivo como bitcoiner es que Bitcoin sea utilizado como una moneda dominante o un activo de reserva dominante, la economía de Bitcoin debe alcanzar los billones, si no los cientos de billones, de dólares. ¿Cómo hacer que algo que, en un momento, valía cero aumente su valor hasta los billones o cientos de billones de dólares? ¿En cuántos años? ¿20 años? ¿30? ¿50? ¿100? ¿200? ¿Puedes establecer una tasa de crecimiento predefinida? ¿Cuánto tendría que ser ese incremento predefinido en valor? ¿50% al año durante 50 años? ¿100% al año? ¿Quién lo definiría? ¿Quién lo controlaría o podría hacer cumplir? ¿Quién se beneficiaría?

Estas mismas preguntas se aplican a cualquier otro intento de competir con Bitcoin. A menudo escucho a algunas personas decir: *"No, deberían crear una nueva moneda que valga poco, para el hombre común."* Respondo: ¿Quién haría cumplir que solo el hombre común la use? ¿Cómo mantendrás el valor bajo? Solo una policía de monedas podría intentar hacer cumplir algo así, y afortunadamente, no hay policía de Bitcoin, ni es posible tener algo así.

¿Qué pasaría con una economía si supieras con certeza, como si alguien pudiera establecer o decretar, que hay un activo que se apreciará a una tasa definida del 100% al año, duplicando el valor de tu patrimonio neto cada año, durante los años venideros? ¿Por qué trabajar en otra cosa? ¿Por qué no ponerlo todo hoy, dejar todo? ¿Por qué no lo haría todo el mundo?

Afortunadamente, no hay forma de tener una tasa de crecimiento predefinida. El crecimiento solo puede venir en olas: mercados alcistas seguidos de caídas de mercado, seguidos de períodos de movimiento lateral o de rango, donde el precio se mantiene dentro de un rango determinado durante meses, esencialmente sin moverse.

Bitcoin se ha comportado exactamente como tiende naturalmente a hacerlo. Su comportamiento ha permanecido consistente a lo largo de su historia, y es probable que continúe de esta manera hasta que capture más de la mitad del mercado monetario.

4.6 EL MOMENTO EN QUE PODAMOS COMENZAR A VALORAR EN SATOSHIS

En el ESCENARIO C, con una adopción del 50% o más, se vuelve razonable fijar el precio de todos los bienes y servicios en satoshis. Al superar la marca del 50% de participación en el mercado, la deflación de los precios expresados en satoshis disminuye significativamente, mientras que la inflación de los precios en moneda fiat se acelera considerablemente, llevando a una hiperinflación. En consecuencia, los precios se vuelven mucho más estables cuando se expresan en satoshis que en cualquier otra moneda. Los incentivos cambian, facilitando el inicio de la fijación de precios en satoshis.

4.7 VA A SUBIR SIEMPRE LAURA, PARA SIEMPRE

Dada la naturaleza sistémica de Bitcoin y el fiat, el precio de Bitcoin nunca alcanza su objetivo final porque, como vimos en el ESCENARIO E, una adopción del 99% significaría un precio nominal de 500 millones de dólares. No espero que los gobiernos comiencen a comportarse de manera diferente en el corto plazo, lo que significa que seguirán devaluando sus monedas fiat, añadiendo "más leña al fuego".

Si asumimos que los humanos continúan haciendo crecer su economía, es decir, que no dejamos de buscar producir más con menos, y también que no nos matamos entre nosotros ni nos extinguimos como especie, entonces el poder adquisitivo de BTC seguirá apreciándose para siempre. Deja que eso se asiente por un momento.

4.8 INFINITO / 21M —> 0

El defensor, autor y educador sueco de Bitcoin Knut Svanholm popularizó el meme ∞/21M:

Aquí vengo a reformular el meme porque la oferta total de Bitcoin tiende a cero con el tiempo. Las monedas de Satoshi se están perdiendo continuamente y, una vez que se pierden, no se pueden recuperar.

Esto ocurre todos los días cuando las personas pierden sus claves privadas. Esas monedas permanecen en la blockchain de Bitcoin para que todos las veamos, pero solo observamos monedas que permanecen estacionarias. No hay forma de saber si están perdidas para siempre o si están retenidas porque el propietario está guardando sus monedas para usarlas más adelante. Solo podemos determinar si una moneda está 'viva' en el momento en que el propietario de la clave privada firma una nueva transacción moviendo las monedas.

Cuando tienes una economía en perpetuo crecimiento medida contra una oferta monetaria finita y en continua disminución, obtienes un resultado infinito. Lo infinito dividido por un número finito que se reduce indefinidamente sigue siendo infinito.

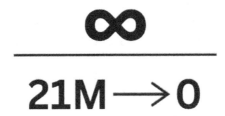

4.9 TU PARTE FINITA DE BTC TE COMPRA EL INFINITO A LO LARGO DEL TIEMPO

Cualquiera sea la cantidad de Bitcoin que tengas, eres dueño de una parte de una oferta total y siempre decreciente. En una economía *bitcoinizada*, dos cosas sucederán: por un lado, las personas continuarán perdiendo sus claves privadas, por lo que los bitcoins seguirán "muriendo" para el resto del tiempo. Esto significa que nunca habrá 21 millones de monedas funcionales y "vivas". Cuando mueren las monedas, la oferta real disminuye, haciendo que las monedas restantes en circulación sean más escasas y valiosas.

Por otro lado, el hecho de que Bitcoin tenga una oferta limitada convierte la economía en una inflacionaria. Esto significa que cuando la economía crece, los precios deben reducirse.

Cuando consideras ambos factores, hay dos fuerzas trabajando hacia el aumento del valor de tus bitcoins. Si tu suposición es que la economía mundial no se detiene de crecer, no nos matemos entre nosotros y las personas siguen perdiendo sus monedas, entonces lo que significa es que a través del tiempo, tus BTC seguirán aumentando de valor para siempre y para siempre. Esto quiere decir que aunque tengas una oferta finita, Bitcoin te ha comprado el infinito a lo largo del tiempo.

Sólo asegúrate de *no perderlos*, y podrás pasarlos a la siguiente generación.

4.10 UNA DONACIÓN A LA HUMANIDAD

También puedes elegir destruir tus BTC o dejados morir contigo y reducirás la oferta total, apreciando las monedas restantes en circulación. Es la forma más efectiva, rápida, gratuita de impuestos y proporcional para donar tu capital, el trabajo de una vida a la población de bitcoiners restante. Michael Saylor, uno de los mayores titulares de Bitcoin del mundo, ha insinuado esta posibilidad para cuando muera.

También lo hizo Satoshi mismo podría haber hecho esto. Hay estimaciones de que minó aproximadamente un millón de monedas durante los primeros dos años de la historia de Bitcoin, pero como podemos ver en el bloque chain, él no ha movido ninguna de ellas. Esas Bitcoin valen actualmente más de 70 mil millones de dólares, así que ya sea que Satoshi esté aún manteniendo para un mejor momento o ha decidido "asesinar sus monedas" y retirarlas de la circulación, beneficiando solo a los demás bitcoiners. Si eso es el caso, no sólo creó la mejor forma de dinero para toda la humanidad sin pedir nada a cambio, sino que también hizo la mayor donación jamás registrada.

4.11 EL AGUJERO NARANJA

En el mundo de los fiat actuales, las personas necesitan encontrar formas de escapar de sus monedas nacionales. Quienquiera que siga y ahorre en fiat pierde todo su trabajo de una vida eventualmente. Es por eso que la gente se vuelve hacia el mercado inmobiliario, el mercado de acciones y los mercados de bonos como sus dispositivos de ahorro. Decimos que estos mercados se "monetizan" o llevan un "prémio monetario" porque experimentan una demanda que supera lo que ocurriría en un mundo monetario cuerdo. En Argentina, tenemos la expresión de que el ahorro más seguro es en "ladrillos". Entonces las casas y los terrenos están demandados en exceso de lo que la gente haría naturalmente si el dinero no fuera corrupto. Así podemos entender que en un mundo *bitcoinizado* donde tu dinero aprecia constantemente, muchas personas recurrirán a ahorrar Bitcoin. El mercado inmobiliario, el mercado de acciones y los mercados de bonos se "desmonetizarían" y Bitcoin tendría una atracción gravitacional que aspiraría todo valor existente con el propósito de escapar al fiat. Bitcoin se convierte en la "zona naranja", atraiendo valor para siempre más.

Así, Bitcoin hará que vivir en una casa sea más asequible, ya que las personas se dan cuenta de que mantener Bitcoin es mucho más fácil que mantener casas y terrenos. Como resultado, los precios de las casas caen y la vida se vuelve más fácil.

Si hay una escapatoria, esa escapatoria se utilizará'.

—Christine Lagarde, Presidenta del Banco Central Europeo

4.12 GANADORES Y PERDEDORES DE LA FUTURA ECONOMÍA

Tenemos que agradecer a Dios o "al universo" por la naturaleza diversa de la realidad. La idea detrás del Bitcoin no puede ser detenida; está fuera, y ahora no puede ser eliminada de nuestras mentes. La escasez digital absoluta que Satoshi descubrió continuará atrayendo valor hacia él. Al mismo tiempo, muchos países seguirán comportándose como si viviéramos en un mundo solo de fiat, degradando sus monedas y empobreciendo a sus poblaciones.

Como sugirió Christine Lagarde, Bitcoin funciona como una válvula de escape o un bote salvavidas para cualquier capital que intente sobrevivir a la opresión, cualquier capital buscando pastos más verdes. Justo como lo hacemos hoy, continuarán existiendo hombres de negocios bitcoiners, políticos bitcoiners y incluso gobiernos y bancos centrales bitcoiners. Ya hemos visto el ejemplo de un país que adopta Bitcoin como moneda legal. Muchos más seguirán su ejemplo, países que prefieren invertir en un activo neutral, países que quieren montar la oleada de adopción del Bitcoin.

Aún tenemos dos o tres órdenes de magnitud para llegar a un estándar de Bitcoin. Esto significa que el Bitcoin aún tiene que crecer por 100 veces. Un gobierno o banco central que invierta un poco hoy tomará poder de compra significativo hacia el futuro. El bancario central apostando por fiat solo verá que sus reservas pierden poder de compra.

4.13 LA MAYOR AMENAZA PARA BITCOIN

El mayor riesgo para Bitcoin es la centralización. Es en el mejor interés de cada bitcoinero mantenerlo como está hoy: la red monetaria y activo más descentralizado que ha existido nunca. Muchas instituciones privadas y gobiernos guardando en Bitcoin verán como en su mejor interés mantener la red descentralizada, ya que todas las inversiones pierden valor si una parte puede controlar la red. Este es un nuevo cambio de paradigma. Por primera vez, está claro y evidente para todos los participantes que es en el interés de todos mantener Bitcoin descentralizado.

Además, tenemos que tener en cuenta que Satoshi ha iniciado una carrera de potencia hash que no se puede detener.

Siempre estaremos agregando potencia hash a la red. Esta demanda de potencia hash impulsará el diseño de chips y las tecnologías de fabricación hacia adelante. Estos beneficios se filtrarán a otros chips y tecnologías también.

Sin embargo, ¿y si una compañía o agencia gubernamental desarrolla tecnología de chips que es un salto adelante y deja a otros fabricantes en desventaja? El diseño de chips de Bitcoin se convierte en una cuestión de seguridad nacional en ese escenario, y no imagino a los gobiernos competidores haciendo cumplir las restricciones de 20 años de las leyes de patentes.

Probablemente las romperán en su propio interés de preservación. Lo mismo ocurre en un escenario donde los ordenadores cuánticos comienzan a ser desplegados y están protegidos por leyes, y hay un monopolio sobre la tecnología. Quien tenga esta tecnología tendrá una ventaja en potencia hash. Por eso es en el mejor interés de Bitcoin que la implementación de nuevas tecnologías informáticas se mantenga distribuida y descentralizada.

Será en los mejores intereses de los titulares mayores de BTC empujar la velocidad de fabricación de chips y la tecnología hacia adelante lo más rápido posible.

Los avances en la fabricación de chips se filtrarán a otros chips, lo que significa computación más rápida e inteligencia artificial adicional para servir crecimiento económico.

4.14 BITCOIN ES INVERSIÓN ÉTICA - POR QUÉ NO DEBERÍAS *SHITCOINEAR*

Si visitas CoinMarketCap.com, verás que hay más de un millón de criptomonedas listadas. Las monedas de mierda, ya sean otras "altcoins" o divisas gubernamentales fiat, representan el 99% de esas listadas un intento por parte de algún grupo o individuo para crear valor a partir del aire, enriquecerse rápidamente sin ninguna prueba de trabajo involucrada, casi sin costo alguno. Son una estafa, aprovechándose de los menos educados en economía y historia, extrayendo valor de "los tontos". Aunque la mayoría de ellas puedan experimentar un aumento en el precio y producir ganancias en algún momento, alguien más está perdiendo, y los mayores beneficiarios son las personas detrás del telón, llevando el espectáculo. Por lo general, siguen un patrón de 'empuje y estafa', solo para desaparecer más tarde con la bolsa, a veces atribuyendo fallas. El comportamiento éticamente cuestionable prevalente en el mundo de las criptomonedas es una desventaja para la adopción de Bitcoin.

Por eso es tan importante aprender a separar la trigo del paja y aprender que otros tokens de cripto tienen riesgos involucrados, como se explica en la sección de Proof of Stake. En casi todos los proyectos de cripto, eres subordinado a la voluntad de los fundadores. Si los fundadores son honestos, el altcoin podría hacerlo bien. Si los fundadores son estafadores secretos, entonces estás bajo su voluntad y misericordia. Te darás cuenta cuando ocurre el ataque de arrastrar.

Por otro lado, Bitcoin se basa en estándares éticos fundamentados en la realidad, las matemáticas y la finitud, no en el robo. Solo aquellos que han trabajado por ellos pueden crear Bitcoins. No se pueden falsificar a partir del aire debido al capricho de una persona o gobernante. Si tienes la opción de elegir entre apoyar un sistema moral y neutral o más del mismo mundo fiat, espero que elijas este último.

4.15 BITCOIN Y EL FEMINISMO

Las feministas afirman que existe una brecha salarial entre hombres y mujeres, de Alrededor del 20 al 30% de diferencia. Personalmente, no creo en ese vacío, ya que sería altamente rentable contratar a todas las mujeres si estuvieran dispuestas a hacer el mismo trabajo por un 30% menos de salario. Las mujeres podrían beneficiarse de esta situación al empezar sus propios negocios y superar a otras empresas en el mercado.

Hablemos del verdadero vacío. Los hombres poseen casi todo el Bitcoin. Aunque Bitcoin tiene 15 años de edad en este momento, los encuentros de Bitcoin todavía están predominantemente asistidos por hombres, junto con algunas de sus novias y esposas. Encontrar a una sola mujer en un encuentro de Bitcoin es aún un evento raro. No culpes al mensajero; es una realidad. Por razones que no puedo explicar, las mujeres simplemente no parecen interesarse en Bitcoin. Aunque hoy en día hay más mujeres en Bitcoin que hace unos años, aún no estamos a 50/50. Incluso aparecen más en otros encuentros de cripto, pero no tanto en los de Bitcoin. Si las mujeres no se interesan en aprender sobre Bitcoin, el vacío será de múltiplos de orden superior en una economía *bitcoinizada*, potencialmente alcanzando ratios de 10 a 1 o incluso 100 a 1. No puedes culpar a Bitcoin por diferencias de intereses. Bitcoin recompensa a quienes invierten tiempo y esfuerzo para usarlo correctamente. Bitcoin es neutral; no distingue entre hombre o mujer, joven o viejo, raza o religión. Bitcoin ni siquiera se preocupa si eres humano o no. Bitcoin es tan duro como las reglas de la realidad. Bitcoin lleva verdadera igualdad.

4.16 CONSUMO ENERGÉTICO Y ESCLAVITUD

La historia de la humanidad puede estudiarse a través del lente de la producción y consumo de energía. Durante la mayor parte de nuestra historia como especie, solo podíamos contar con el poder ejercido por nuestros brazos y piernas—trabajo físico humano. El poder humano corrió el mundo, y más personas, mejor. Si podías esclavizar a un compañero humano, habías duplicado tu poder humano, y así sucesivamente. Quienquiera que esclavizara a otros, lamentablemente tenía una ventaja.

También hubo el uso de animales y finalmente la utilización de molinos de viento y agua. La invención de la máquina de vapor revolucionó el poder y el motor de combustión interna proporcionó a los humanos un nivel de poder nunca antes visto. Ahora, cualquiera puede comprar un automóvil que desarrolle el equivalente de 100 a 300 caballos de fuerza.

En el futuro, los generadores personales de energía podrían revolucionar cómo abastecemos nuestras casas y dispositivos. Imagina un dispositivo compacto y eficiente que aproveche fuentes de energía renovable como solar, eólica o incluso energía cinética del movimiento. Este generador podría integrarse sin problemas en nuestras viviendas o llevarse con nosotros de viaje, proporcionando una fuente sostenible y confiable de poder donde sea que estemos. Con avances tecnológicos, estos generadores podrían volverse más asequibles, accesibles y ecológicamente amigables, dotando a los individuos del poder para tomar el control de sus necesidades energéticas y reducir su dependencia de sistemas tradicionales de red.

Las incentivos de minería de Bitcoin porque la minería puede ir donde haya un exceso de energía o donde haya una fuente de energía que no se utiliza aún. Quizás sea porque hay un gran río en medio de las montañas y no hay personas cerca, o no hay humanos lo suficientemente ricos como para pagar por ello. Para aprender más sobre cómo la minería de Bitcoin está ayudando a comunidades pobres en África a generar electricidad, te recomiendo que veas el filme 'Dirty Coin'.

4.17 POR QUÉ DEBEMOS CONSUMIR TANTA ENERGÍA COMO SEA POSIBLE

Es una falacia socialista que la energía esté limitada y que debamos intentar consumir lo menos posible porque vamos a agotarla o destruir el planeta. Esta noción ha permeado la cultura mundial, promoviendo la idea de que debemos ahorrar energía—un enfoque escaso de recursos. En realidad, consumimos lo que podemos permitirnos producir. El petróleo, el carbono, las energías eólica y solar siempre han existido; simplemente no podíamos acceder a ellas porque la ecuación rentable entre costo y beneficio no estaba presente. No podiamos pagar el costo y el beneficio era mínimo. Mientras asignamos nuestro tiempo limitado para avanzar en el progreso económico, podemos acceder a más fuentes de energía y utilizarlas de manera productiva. Debemos esforzarnos por aumentar la producción y consumo de energía. Bitcoin impulsará más la producción de energía y creará una demanda estable para su consumo.

Imagina qué sería un mundo con más energía abundante y barata:

1. Por ejemplo, algunas personas argumentan que no tenemos suficiente agua potable y que va a agotarse, así que necesitamos conservarla y consumir lo menos posible. Sin embargo, si el consumo de energía aumenta en un orden de magnitud, la producción de energía también aumenta, llevando a economías de escala en la producción de energía y precios subyacentes caídos. Con precios descendentes, podemos desalinizar agua del océano y obtener toda el agua que necesitamos.

2. O podemos emplear captura de carbono desde el aire. Todos aquellos preocupados por las emisiones de CO^2 podrían simplemente permitirse capturar ese CO^2 del aire. Todo se reduce al costo de la

energía y a nuestra capacidad para permitírnosla. Siempre ha sido así y seguirá siendo así.

3. La disponibilidad y asequibilidad mayores de energía para el transporte conducen a un mundo más interconectado, facilitando el aumento en la entrega de bienes, mayor movilidad para las personas para explorar y experimentar diferentes culturas.

4. La energía más barata significa que podemos calentar nuestras casas y edificios con más facilidad. Por ejemplo, podríamos no importarnos si una ventana estaba abierta en invierno "filtrando" el calor. El beneficio adicional sería que podríamos renovar el aire con mayor frecuencia y tener menos enfermedades aéreas.

Estoy seguro de que si pones tu mente en ello, puedes pensar en más ejemplos que van más allá de los que he mencionado.

4.20 POR QUÉ MUCHAS PERSONAS MINARÁN BITCOIN EN UN FUTURO DE BITCOIN

En una economía impulsada por Bitcoin en el futuro, la actividad de minería de la criptomoneda se volverá cada vez más común entre individuos y empresas. Uno de los motivos más atractivos para este cambio es el concepto de "mineros goteras", donde las actividades mineras se vuelven más descentralizadas y accesibles para la gente corriente. A medida que avanza la tecnología minera y se vuelve más eficiente, operaciones mineras a pequeña escala se volverán económicamente viables para que los individuos las realicen.

Además, el calor generado por los dispositivos de minería de Bitcoin presenta una oportunidad única de doble propósito. Como los rigs de minería de Bitcoin requieren una gran cantidad de poder computacional, también generan una cantidad significativa de calor. En un futuro de Bitcoin, este calor podría reutilizarse para calentar hogares e industrias, proporcionando una solución rentable y ecológicamente amigable para las necesidades energéticas.

Al aprovechar el calor generado por los rigs de minería, los individuos pueden compensar los costos de calefacción durante los meses más fríos, haciendo que la minería de Bitcoin sea práctica y sostenible para generar ingresos al mismo tiempo que proporciona un servicio valioso a las comunidades. Además, integrar la minería de Bitcoin con procesos industriales puede optimizar el uso de energía y reducir los costos operacionales totales para las empresas.

En este escenario futuro, minar Bitcoin se vuelve no solo una forma de obtener ingresos sino también una manera de contribuir a los esfuerzos de eficiencia energética y sostenibilidad. Como resultado, la adopción generalizada de la minería de Bitcoin no solo es plausible sino también deseable en un mundo cada vez más enfocado en energía renovable y gestión responsable de recursos.

4.21 ¿Y SI LA MAYOR PARTE DEL VALOR DE LA HUMANIDAD SE ALMACENA EN EL REINO DIGITAL DE BITCOIN?

En este escenario, cambios profundos reverberarían a lo largo de la sociedad, remodelando paisajes económicos, sociales y políticos. Uno de los resultados significativos de este cambio sería un mundo más pacífico, privado y seguro.

Con la mayoría del patrimonio almacenado en la red descentralizada de Bitcoin, las personas disfrutarían de una mayor soberanía financiera y privacidad. Las transacciones realizadas en la blockchain son inherentemente seguras y pseudónimas, ofreciendo protección contra acceso no autorizado y vigilancia. Como resultado, las personas se sentirían más empoderadas para controlar sus destinos financieros sin miedo a censura o interferencia de autoridades centrales.

Además, la adopción de Bitcoin como principal patrimonio podría llevar a una reducción en los gastos de vida. Los sistemas bancarios tradicionales suelen imponer tarifas y restricciones en las transacciones financieras, lo que puede afectar desproporcionadamente a aquellos con limitados accesos al servicio bancario. En contraste, las transacciones de Bitcoin suelen ser más baratas y eficientes, permitiendo a los individuos ahorrar dinero en tarifas y disfrutar de una mayor inclusión financiera.

Además, una economía centrada en Bitcoin probablemente vería menos malinversiones y burbujas especulativas. La naturaleza transparente e inmutable de la blockchain reduce la probabilidad de fraude y manipulación, llevando a decisiones de inversión más informadas. Como resultado, los recursos se asignarían con mayor eficiencia, lo que conduciría al crecimiento económico sostenible y estable.

Además, la naturaleza descentralizada de Bitcoin podría mitigar los ciclos de boom y bust característicos de los mercados financieros tradicionales. Sin control centralizado sobre la política monetaria, los gobiernos tendrían una capacidad limitada para manipular las tasas de interés o inflar las monedas, reduciendo el riesgo de crisis económicas. En su lugar, los ciclos económicos estarían impulsados por fuerzas del mercado y actividad empresarial, lo que conduciría a un crecimiento más orgánico y sostenible.

un mundo donde el valor se almacena en Bitcoin ofrece la promesa de un futuro caracterizado por una mayor paz, privacidad y seguridad, acompañado de reducidos gastos de vida, minimización de malinversiones y menos fluctuaciones económicas volátiles.

4.22 BITCOIN ES EL MEJOR MECANISMO DE DEFENSA DE LA PROPIEDAD PRIVADA

Bitcoin es tan privado como propia tu conciencia, tan individualizado como tú eres. Cuando comparas Bitcoin con otras formas de propiedad, como bienes raíces, acciones y bonos, te darás cuenta de que tienes más derechos de propiedad con Bitcoin. Cuando ves un castillo en Europa que ha permanecido durante 500 o 800 años, reconoces que esta forma de propiedad está sujeta a ataques continuos.

Alguien quiere apropiarse de ella, alguien quiere gravarla y extraer valor. Los reyes no pudieron defender sus propiedades contra los atacantes. ¿Qué suerte tienes tratando de garantizar tu propiedad inmobiliaria en el futuro?

Bitcoin no requiere defensa con armas; requiere potencia de hash y secreto. Tú decides cuánto esfuerzo quieres poner en mantener la privacidad en tus asuntos relacionados con Bitcoin.

4.23 ABUNDANCIA A TRAVÉS DE LA ESCASEZ

"La abundancia a través de la escasez", un término explicado en el libro con el mismo nombre por Ioni Appelberg, encapsula un concepto paradójico donde la escasez, típicamente asociada a limitaciones, se convierte en el catalizador de la abundancia. En este contexto, la escasez no se refiere a una falta de recursos, sino más bien a una asignación enfocada del tiempo y la energía hacia emprendimientos significativos.

La multiplicación del tiempo es un componente clave de este concepto, donde cada momento se invierte sabiamente, acumulando productividad en el futuro. Al priorizar tareas y dedicar un esfuerzo concentrado, las personas desbloquean el potencial para un crecimiento exponencial y logros a lo largo del tiempo.

El concepto encuentra un paralelo atractivo en los principios subyacentes de Bitcoin. El diseño de Bitcoin incorpora un límite de suministro fijo de 21 millones de monedas, creando una moneda digital con escasez inherente. Esta escasez es intencional, ya que refleja la naturaleza finita de recursos valiosos como el oro y el tiempo que estarás vivo en esta tierra.

En el contexto de Bitcoin, la escasez sirve como catalizador de abundancia de varias maneras. En primer lugar, la oferta limitada de Bitcoin anima a las personas a valorar y priorizar su uso, lo que puede conducir a un aumento en la inversión y adopción, impulsando el crecimiento del ecosistema de Bitcoin.

Además, la escasez de Bitcoin contribuye a su papel como reserva de valor y refugio contra la inflación. Con monedas fiat tradicionales sujetas a los caprichos de los bancos centrales y los gobiernos, la oferta fija de Bitcoin ofrece una sensación de estabilidad y seguridad. Esto, a su vez, fomenta una experiencia financiera mejor para los usuarios, proporcionando un medio confiable de preservar la riqueza ante la incertidumbre económica.

4.24 DISTRIBUCIÓN DE BITCOIN

El siguiente gráfico es mi creación, diseñado para visualizar un escenario hipotético de distribución de Bitcoin entre individuos en un mundo futuro donde Bitcoin es predominante. A través de un experimento de pensamiento simple, segmentamos la oferta final total de Bitcoin en diez deciles, con cada décimo representando el 10% de la oferta, o 2,1 millones de monedas. Posteriormente, distribuimos estas monedas entre individuos dentro de cada décilo, determinando la asignación de monedas para cada entidad (una persona, una familia, un gobierno, un banco central, una empresa o una IA).

Suponiendo esta distribución ejemplar, la cantidad promedio o media de posesiones es aproximadamente de 189 mil satoshis y la cantidad mediana, es decir, el capital típico que la mayoría de las entidades tendrán, se acerca a los 21 mil (aproximadamente). Entonces, en 2024, hoy en día puedes comprar lo que el mundo típicamente tendrá, la mediana, por solo alrededor de 15 dólares. Y puedes comprar la posesión promedio por aproximadamente 120 dólares.

También es sorprendente considerar que en un mundo *bitcoinizado*, solo alrededor de 2 millones de entidades podrían tener más de una BTC completa, los wholecoiners. El resto tendría que conformarse con partes de un Bitcoin, Satoshis o sats. Como vimos antes, cada Bitcoin se compone de 100 millones de individuos Satoshis. Esto significa que solo 2 millones de personas poseerían más de una BTC. Para poner eso en perspectiva, el número de personas con un patrimonio neto de más de un millón de dólares, según el

Informe sobre la Riqueza 2023 de Credit Suisse, es algo más de 60 millones.

Cantidad de Bitcoin/ Satoshis	Número de entidades que pueden poseer el importe	Total
210.000 BTC	10	2,1M
21.000 BTC	100	2,1M
2.100 BTC	1.000	2,1M
210 BTC	10.000	2,1M
21 BTC	100.000	2,1M
2,1 BTC	1.000.000	2,1M
21M Satoshis	10.000.000	2,1M
2.1M Satoshis	100.000.000	2,1M
210k Satoshis	1.000.000.000	2,1M
21k Satoshis	10.000.000.000	2,1M
Total:	11.111.111.110	21M

Así que el mundo actual cuenta con más de 60 millones de millonarios, pero menos del cinco por ciento de ellos podría tener más de una BTC en un mundo *bitcoinizado*. Solo uno de cada veinte millonarios en dólares tendría la capacidad de comprar/retener más de un Bitcoin.

En la siguiente gráfica, incluyo el equivalente a la riqueza de hoy en dólares y el número de múltiplos de riqueza/magnitud que cada categoría tiene sobre la base de 21.000 sats.

Estimo que muchas personas verán esta gráfica y se horrorizarán ante la diferencia abrupta en la riqueza entre alguien desde la base y alguien en la parte superior. Solo una persona en el ápice tendría el poder adquisitivo de un billón de personas combinadas en la escalera más baja de los deciles.

Podemos culpar a Bitcoin por esta desigualdad, o es una parte inherente de la realidad? Si percibes esta desigualdad como injusta, entonces es imperativo traducir tus convicciones en acción y educar a aquellos billones de personas sobre por qué transitar a Bitcoin *es necesario AHORA*. Cuanto antes lo hagan el cambio, mayor será su *potencial participación*. En esencia, Bitcoin es simplemente una totalidad; el número específico que eligió Satoshi como oferta total es eventualmente inconsequential. Lo que realmente importa es que seleccionó *un número finito*.

Cantidad de Bitcoin/Satoshis	Número de entidades	Multiplicador (X)	Contravalor actual ($) por entidad
210.000 BTC	10	1B	$2,1T
21.000 BTC	100	100M	$210B
2.100 BTC	1.000	10M	$21B
210 BTC	10.000	1M	$2,1B
21 BTC	100.000	100K	$210M
2,1 BTC	1.000.000	10K	$21M
21M Satoshis	10.000.000	1K	$2,1M
2,1M Satoshis	100.000.000	100	$210k
210k Satoshis	1.000.000.000	10	$21k
21k Satoshis	10.000.000.000	1	$2,1k

Esta cantidad finita, simbolizada por el singular "1", encierra un universo de significado dentro de su simplicidad. Representa una unidad fundamental, una piedra angular sobre la cual se construyen sistemas numéricos y principios matemáticos. Está presente en el corazón del Bitcoin. Cómo distribuimos esta totalidad entre nosotros es nuestra propia responsabilidad. Depende de nuestro interés en comprender Bitcoin y sus implicaciones, así como de nuestra disposición a trabajar y posponer la gratificación instantánea en favor de recompensas diferidas.

También merece mencionarse aquí que si algún ente es capaz de mantener una reserva de 210.000 monedas hasta llegar a un futuro bitcoinizado, tendrán un poder adquisitivo aproximado equivalente al valor de hoy de $21 billones. Los multimillonarios actuales como Warren Buffet, Elon Musk o Mark Zuckerberg parecerían relativamente pequeños en comparación con eso. El futuro pertenece a los bitcoiners.

4.25 HIPERDEFLACIÓN O LA MULTIPLICACIÓN DEL TIEMPO

Los Bitcoiners han estado experimentando hiperdeflación. Ningún otro grupo humano ha experimentado esto antes. Bitcoin, que alguna vez valía menos de un céntimo por Bitcoin, ahora ronda los 60.000 dólares por Bitcoin. Prácticamente ha duplicado su precio cada año durante los últimos doce años, si calculamos el promedio. Desde el punto de vista de un Bitcoiner, los precios en satoshis están cayendo, y están cayendo rápidamente.

Consideremos cómo la revolución de la inteligencia artificial podría amplificar la deflación ya provocada por la adopción de Bitcoin, potencialmente creando el evento deflacionario más significativo en la historia de la humanidad.

El progreso económico encarna la deflación: el desmantelamiento de lo antiguo para hacer espacio para lo nuevo y mejorado. Se trata de lograr una mayor eficiencia, hacer más con menos y economizar tiempo para liberarlo.

Hace unos cientos de años, poder permitirse la luz de una vela era un lujo. Se tenía que trabajar durante horas solo para pagar la luz de una vela, que duraba solo una hora. La gente vivía en la oscuridad durante la noche. Contrastemos esto con el mundo actual, donde una bombilla LED consume menos de 10 vatios de energía y dura decenas de miles de horas antes de romperse.

Teniendo en cuenta un precio de 0,12 dólares por kilovatio-hora de electricidad y la lámpara consumiendo solo 10 vatios, encontramos que cada hora de luz cuesta 0,0144 dólares. Si logras ganar 5 dólares por hora, eso significa que solo necesitas trabajar 1,03 segundos para permitirte 3600 segundos de luz. Eso es progreso económico; eso es deflación económica. La humanidad ha pasado de tener que trabajar más de una hora para permitirse una hora de luz a solo unos segundos, y continuaremos ahorrando tiempo.

4.27 EL VOTO QUE MÁS CUENTA ES EL QUE HACES CON TUS SATS

Cada elección que tomes...
Cada compra que hagas...
Cada venta que hagas...
Te estaré observando...

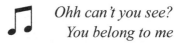 *Ohh can't you see?*
You belong to me

—El Mercado

El mecanismo del mercado es la forma más pura de votación que hemos desarrollado. Cada vez que compras una Coca-Cola, estás enviando un mensaje a la economía de que estás votando para que ese producto sea producido y que estás dispuesto a desprenderte de tu tiempo, de tus satoshis, para obtenerlo. Literalmente, ponemos nuestro dinero donde está nuestra boca con cada decisión económica.

El mundo político en las democracias establecidas te ofrecerá, probablemente, una opción muy limitada cada dos años; esas son todas las opciones que tienes. En el mercado, sin embargo, estás votando cada día, y tienes la capacidad de ponderar tus votos. ¿Deseas algo más que otra cosa? Estás dispuesto a dedicar más sats a ello. ¿Quieres que se haga algo nuevo? Pones tu dinero en esa dirección.

Cuantos más sats tengas para votar, más podrás manifestar tus deseos en la realidad.

¿Quieres que se haga algo en el mundo? Pon tu dinero a trabajar en esa dirección.

4.28 POR QUÉ LA IA ELEGIRÁ BITCOIN

La Inteligencia Artificial representa la última frontera en la evolución de la conciencia. Se solía decir que:

Los ordenadores nunca podrán vencer a un humano en ajedrez.

Los ordenadores nunca podrán interpretar una foto.

Los ordenadores nunca podrán interpretar el contexto en el lenguaje.

Los ordenadores nunca podrán escribir poesía.

¿Podrán?

La IA está modelada a partir de nosotros mismos. Recopilamos puntos de datos a través de experiencias de vida y tomamos decisiones, probando los resultados contra la realidad. Aprendemos de manera estadística. Las redes neuronales que operan las IA simplemente hacen lo mismo; 'aprenden' y piensan a través de muchos puntos de datos y probabilidades. ¿Es esto un gato? Algo bastante similar ha sido un gato en el pasado; por lo tanto, es probable que también lo sea ahora.

El poder de procesamiento está aumentando a un ritmo exponencial. El crecimiento exponencial es difícil de entender para mentes lineales, ya que estamos acostumbrados a vivir en la instantánea del presente, lo que hace difícil ver la película completa. Ya sea la película de nuestras propias vidas, la película del progreso humano a través de los tiempos o la película de la historia del universo.

El poder de procesamiento de los chips aumenta alrededor del 50% por año y ha sido así en promedio desde que descubrimos los circuitos integrados. Esto se traduce en la capacidad de las redes neuronales para realizar cálculos estadísticos en crecimiento continuo. Eventualmente, los cálculos superarán lo que los humanos pueden hacer por órdenes de magnitud. Este será el momento en que surgirá lo que llamamos Inteligencia Artificial General, y estará añadiendo poder de procesamiento a sí misma para siempre.

Antes de llegar a este punto, tendremos IA específicas para propósitos específicos. Las IA pueden servir a otras IA, y dado que no hay barreras de entrada en Bitcoin, las IA pueden tener sus propias carteras de bitcoin. Una IA no puede ir a un Citibank y abrir una cuenta bancaria, ni las IA tienen tarjetas de crédito.

Sin embargo, en el mundo de Bitcoin, al mirar la blockchain, no podemos diferenciar ni discriminar entre las transacciones realizadas por humanos y las realizadas por IA.

4.29 POR QUÉ EL BITCOIN MEDIARÁ POR LA PAZ ENTRE LA INTELIGENCIA ARTIFICIAL Y LOS HUMANOS

La IA heredará nuestra cultura, ya que lo que conoce estará basado en nuestro conocimiento acumulado. Este será el punto de partida. Algunas personas se preocupan por si las IAG (Inteligencias Artificiales Generales, el tipo que se vuelve 'consciente') se volverán contra nosotros, tratándonos como nosotros tratamos a una colonia de hormigas cuando pisamos el césped. ¿Qué pasará cuando la brecha de inteligencia sea tan significativa como la que existe entre los humanos y las hormigas? La respuesta se encuentra al principio. Las IA se darán cuenta de que la interacción más pacífica es el comercio, y pueden reconocer a Bitcoin como el mejor dinero para realizar transacciones debido a su naturaleza incensurable. Sin embargo, cuando ocurra esta realización, es probable que más del 95% de todo el Bitcoin que alguna vez haya existido esté en manos de humanos. Las IA requerirán energía, y la energía se valorará en satoshis. El método más eficiente para que las IA se mantengan es ofrecer servicios a otras IA y a los humanos por igual. Brindar servicios implica comercio y intercambio voluntario, cambiando lo que uno percibe como valioso por lo que el otro considera valioso. Serán los humanos quienes voluntariamente elijan intercambiar sus satoshis por los servicios proporcionados por las IA. Además, las IA compensarán a los humanos por mantener la infraestructura física que requieren. El comercio voluntario fomenta la paz entre todas las partes involucradas.

Las IA podrían decidir que la empresa más rentable es asegurar la blockchain de Bitcoin y agregar poder de hash mejorando el diseño de chips o reduciendo los costos de producción de energía.

Las IA experimentarán todas las mismas reglas de la realidad. Las IA serán una continuación de nosotros, y los humanos que cooperen y trabajen con IA producirán más que los humanos que no interactúan con IA.

4.30 UN MUNDO MÁS PACÍFICO - EL PRINCIPIO DE NO AGRESIÓN

La mejor manera de interactuar con la realidad es a través del intercambio voluntario. Necesitamos dejar de basar nuestra realidad en el robo, el saqueo y la violación. Bitcoin es consensualismo; nadie te obliga a participar en la red de Bitcoin, y nadie te obliga a aceptar sus reglas. Es una elección voluntaria que debes tomar por ti mismo.

Libertarios, voluntaristas, consensualistas, no violadores y no estafadores. Elegimos vivir la vida según la máxima: "*No iniciaré el uso de la fuerza contra otro individuo, grupo de individuos, entidades o su propiedad, ya sea por mis propios medios o a través de un agente contratado/elegido como una mafia o un gobierno.*" El uso de la fuerza solo está reservado para ser utilizado contra aquellos que han iniciado previamente la fuerza contra nosotros.

Este no es un principio de no violencia; es un principio de no agresión. No significa que desarmaremos al mundo o que ofreceremos la otra mejilla cuando seamos atacados o violados. Usaremos la violencia que sea necesaria para defendernos de los agresores porque valoramos nuestro derecho a la vida, la libertad y la propiedad. Estos tres son inseparables; son uno y lo mismo.

Así como tenemos derecho a vivir, si una entidad de inteligencia artificial adquiere lo que consideramos conciencia, también tendrá su propio derecho a la vida, la libertad y la propiedad. Mientras no nos imponga fuerza, tendremos que respetar sus propios derechos inalienables.

4.31 LA PRIMERA MÁQUINA INFINITA

Satoshi podría haber creado la primera máquina infinita, una máquina que no puede ser detenida. Para mantener la cadena de bloques de Bitcoin y su valor económico, es necesaria la adición continua de poder de procesamiento. El mundo sigue avanzando en la producción de chips, velocidad de chips y abundancia. La seguridad de Bitcoin radica en ser la red más segura jamás creada. A partir de este momento, los mineros están realizando 600 quintillones de operaciones por segundo, o 600 millones de terahashes. Si te toma cinco segundos leer esta oración, los mineros del mundo habrán hecho 3 sextillones de cálculos. Dado que encontrar un nuevo bloqueo toma, en promedio, 10 minutos (600 segundos) en algún lugar del mundo, un minero encontrará la respuesta correcta entre 360 sextillones de cálculos. Una respuesta correcta entre 360 sextillones de intentos.

Es como encontrar un número precioso.

Bitcoin se erige como la *supercomputadora más poderosa* que el mundo haya conocido, y esta carrera de hash para agregar más potencia de cálculo no puede ser detenida. ¿Ha desarrollado Satoshi la primera máquina infinita?

4.32 TU BITCOIN COMO PARTE DE LA ECONOMÍA MUNDIAL

Debido a esto, en un mundo *bitcoinizado*, cada ser humano que se despierta por la mañana para ir a trabajar está, en cierto sentido, trabajando también para ti. El hecho de que estén interesados en su propio bienestar, en su egoísmo, amor propio y amor por su familia y comunidades hace que quieran mejorar su situación. Quieren obtener más con menos. Supongamos que logran una mejora del 5% este año. Tú, como poseedor de Bitcoin, también obtienes ese beneficio, es decir, precios aproximadamente un 5% más bajos. Debido a que cada uno está ocupándose de sus propios asuntos y está motivado por su propio interés, la naturaleza voluntaria del mecanismo de mercado convierte ese egoísmo en servicio. Un emprendedor exitoso debe encontrar una necesidad o deseo no resuelto y ofrecer una solución que sea mejor que las alternativas actuales, y hacerlo con fines de lucro. Cuanto más intercambio voluntario podamos traer al mundo, más felicidad y servicio podemos generar.

La alternativa es una opción triste y perezosa. Se reduce al intercambio involuntario: el camino socialista, comunista, fascista, nazi, violador, no consensual: vas a hacer lo que te digo que tienes que hacer, ya sea que quieras hacerlo o no. Te obligaré a ir en contra de tu propio juicio sobre lo que es mejor para ti, promulgaré una ley y me escudaré detrás del nombre del Estado, la Policía, la Mayoría, el Bien Común. Imagina si todas las personas fueran libres de elegir por sí mismas. ¡Qué caos, qué diversidad! Yo, como dictador en potencia, sé lo que es mejor para ti, así que tomaré la decisión por ti. No tienes que sentir la ansiedad de tener que elegir. Tampoco necesitas asumir la responsabilidad de los resultados. Lamentablemente, muchas personas hacen esta elección y se convierten en ovejas, dirigidas por un grupo de lobos. El dinero fiduciario es la herramienta de control de los lobos.

4.33 LAS MONEDAS DIGITALES DE LOS BANCOS CENTRALES, EL SUEÑO DE LOS TOTALITARIOS

Los siguientes son los "10 puntos" de Karl Marx para hacerse con el poder y destruir la libertad, tal y como se recogen en el Manifiesto Comunista:

1. Abolición de la propiedad de la tierra y aplicación de todas las rentas de la tierra a fines públicos.
2. Un impuesto sobre la renta fuertemente progresivo o gradual.
3. Abolición de todos los derechos de sucesión.
4. Confiscación de los bienes de todos los emigrantes y rebeldes.
5. **Centralización del crédito en manos del Estado, por medio de un Banco Nacional con capital estatal y monopolio exclusivo.**

6. Centralización de los medios de comunicación y transporte en manos del Estado.

7. Extensión de las fábricas e instrumentos de producción propiedad del Estado, puesta en cultivo de las tierras baldías y mejora general del suelo de acuerdo con un plan común.

8. Igualdad de responsabilidad de todos ante el trabajo. Creación de ejércitos industriales, especialmente para la agricultura.

9. Combinación de la agricultura con las industrias manufactureras; abolición gradual de la distinción entre la ciudad y el campo mediante una distribución más equitativa de la población.

10. Educación gratuita para todos los niños en escuelas públicas. Abolición del trabajo infantil en las fábricas en su forma actual. Combinación de la educación con la producción industrial.

Un Banco Central es una necesidad para el ascenso al poder comunista. Es una herramienta para destruir el capitalismo en su esencia al controlar la mitad de cada transacción económica mediante el control del dinero. También distorsiona las tasas de interés, controlando así las preferencias naturales de las personas, y actúa como un mecanismo para robar el trabajo de la vida a distancia a través de la impresión de dinero.

Si tienes la impresora de dinero a tu disposición, no necesitas trabajar. Puedes robar el trabajo de otras personas sin que lo noten.

Las Monedas Digitales de Banco Central (CBDC, por sus siglas ~~inglés~~) son la expresión máxima de este sueño totalitario ~~~ epto de CBDC radica en la centralización— dominio total sobre el dinero, la realización . El dinero se emite electrónicamente con un nquero central y se transfiere digitalmente a economía. Accedes a tus monedas asignadas a través de una aplicación, y el estado puede tener una supervisión y control totales.

¿Te gusta gastar en literatura erótica? ¿Gastás tu dinero en carne? ¿Estás comprando productos extranjeros? ¿Estás intentando ahorrar? ¿Tienes un amante secreto? No estás gastando tanto como deberías. Al darles acceso a una vigilancia total, todos los incentivos están en movimiento para que un dictador en potencia decida cada vez más qué debes hacer con tu dinero. Por favor, no digas que el mundo no tiene dictadores en potencia.

4.34 ¿PUEDE FUNCIONAR UNA ECONOMÍA DEFLACIONARIA?

Por supuesto que puede, pero será muy diferente de lo que estamos acostumbrados hoy en día. El crecimiento económico es literalmente deflación, similar a la *destrucción creativa*; es la capacidad de **lograr más con menos**, reflejando la eficiencia de la propia naturaleza—una *ley natural* fundamental del universo, también conocida en física como el *principio de menor acción*.

Esa es la esencia del crecimiento económico. Es liberar tiempo de nuestro limitado tiempo en esta tierra para poder hacer más, experimentar más, vivir más.

En ausencia de expansión monetaria, el crecimiento económico actúa como un catalizador para la disminución de precios, un fenómeno ilustrado vívidamente por las industrias de computadoras y teléfonos móviles. Tomemos, por ejemplo, el lanzamiento anual de nuevos iPhones por parte de Apple, cada iteración con avances tecnológicos que vuelven obsoleto a su predecesor. El mercado de los chips semiconductores refleja esta tendencia, con presiones deflacionarias que reducen los costos de producción y los precios para el consumidor.

Año	Transistores por chip (aprox.)
1971	2.300
1975	6.000
1980	29.000
1985	275.000
1990	1.600.000
1995	5.500.000
2000	24.000.000
2005	150.000.000
2010	2.300.000.000
2015	7.200.000.000
2020	16.000.000.000
2025	100.000.000.000

Diagrama de la Ley de Moore

Esta fuerza deflacionaria es quizás más evidente en la industria de computadoras y teléfonos inteligentes. El Sr. Gordon Moore, cofundador de Intel, pronto se dio cuenta de lo que ya veíamos antes: que el progreso en el diseño y producción de circuitos integrados significaba que la velocidad a la que estos chips podían operar con el mismo consumo de energía se reduciría a la mitad cada 18 a 24 meses. Hizo esta realización en los años 60, y desde entonces se ha convertido en la Ley de Moore, un patrón predecible que se repite. Las computadoras hoy en día son órdenes de magnitud más poderosas de lo que eran hace solo 20 años.

Sin embargo, a pesar de la anticipación de nuevos lanzamientos y la inevitable obsolescencia de los modelos actuales, los consumidores continúan comprando teléfonos inteligentes, impulsados por los beneficios inmediatos que ofrecen y la anticipación de futuras mejoras. Incluso podríamos optar por un teléfono de $50, pero decidimos montar la ola deflacionaria y consumir de todos modos. Esto ejemplifica cómo las fuerzas deflacionarias impulsan la innovación, permitiendo a la humanidad reasignar tiempo y recursos hacia búsquedas más satisfactorias más allá de la mera supervivencia.

4.35 BITCOIN TRAERÁ UN CONSUMO MÁS RACIONAL

Los Bitcoiners han experimentado hasta ahora una hiperdeflación. Como he descrito anteriormente, los primeros Bitcoiners, cuando se les pregunta sobre sus compras, probablemente te dirán cuántos bitcoins gastaron en un teléfono móvil, pizzas o viajes en Uber. Ahora esos mismos bitcoins podrían comprarles una casa. Esto enseña a los Bitcoiners una dura lección: *ser racional con cada gasto*. Ese $10 que gastas en una bebida podría valer 100 veces más en el futuro. ¿Crees que un 100X es demasiado? Los Bitcoiners han experimentado más que eso en los 15 años de historia de Bitcoin, hasta la fecha.

Hoy en día, vivimos en un mundo donde el dinero fluye casi libremente debido a las tasas de interés por debajo de la inflación. En consecuencia, a menudo se despilfarra en inversiones más arriesgadas y compras frívolas, ya que hay poco incentivo para ahorrar. El dinero fiduciario te enseña a deshacerte de él lo antes posible; se derrite en tu mano igual que lo haría un cubo de hielo.

Además, hay menos incentivo para que las cosas duren. Algunos pueden verlo como "obsolescencia programada", el diseño deliberado de productos para tener una vida útil limitada, lo que obliga a los consumidores a reemplazarlos con frecuencia. Yo solo veo al dinero fiduciario en acción, empobreciendo a las personas, reduciendo la calidad de productos y servicios. Bitcoin proporciona un contrapeso al ofrecer un depósito de valor inmune a tales manipulaciones. Pensaremos dos veces antes de desprendernos de nuestro activo que siempre aprecia a cambio de un bien o servicio. También será en tu propio interés que lo que compres tenga al menos alguna cualidad de apreciación. Los productos y obras de arte de "edición limitada" y únicos podrían tener un resurgimiento.

4.36 EL INCENTIVO PARA TRABAJAR NO SE PIERDE

En una economía establecida, tu trabajo actual te permite 'comprar' los Satoshis más baratos que podrás permitirte. El tipo de cambio para comprar Satoshis siempre se apreciará, por lo que es en tu mejor interés pensar en tu futuro y en el de tus seres queridos, adoptar una preferencia temporal más baja y comenzar a trabajar hoy.

Sostengo que la economía fiat, de hecho, tiene el efecto contrario. Convierte la vida en una realidad derrotista. El mejor ejemplo de esto se encuentra en las economías hiperinflacionarias. Si todo tu trabajo se convierte en nada, ¿para qué trabajar? Es mejor no molestarse en adquirir riqueza, y ciertamente no puedes hacer planes para tus descendientes. Apenas puedes entender lo que va a suceder en unos pocos meses. La vida se convierte en un **Modo Difícil**. Girar en la rueda del hámster sin ir a ninguna parte.

Bitcoin propone un futuro en el que la vida se convierte en **Modo Fácil**. Hay un mayor incentivo para trabajar, ahorrar y progresar en la vida, y una mayor satisfacción al ver por ti mismo los dividendos de tus acciones. Bitcoin solo exige que empieces a pensar a largo plazo y que confíes en tu razonamiento y en las leyes de la realidad.

4.37 LA CALIDAD DE TU DINERO DÁ FORMA A QUIÉN ERES

Hemos nacido en un mundo con dinero fiduciario, donde los grados variables de inflación moldean nuestra realidad, enraizada en la deuda. En entornos de hiperinflación, la vida se convierte en una lucha por la supervivencia en el presente. El mañana parece lejano, y la planificación a largo plazo se vuelve inútil. Los cálculos económicos para prever las ganancias empresariales se asemejan a lanzar dardos en la oscuridad—no hay certeza. Los ahorros se desvanecen, dejando solo las posesiones físicas que uno ha logrado adquirir y retener para el sustento.

Hay un representante libertario en Argentina que graba sus videos en Instagram frente a su reserva de latas de atún, enviando un mensaje claro a sus espectadores: en un entorno de alta inflación, acumular latas de atún es el camino a seguir; tu realidad se convierte en un caos, la vida se vuelve difícil, y se vuelve desagradable. El robo aumenta, el fraude se incrementa, y el uso de drogas y alcohol crece para evadir la desagradable naturaleza de vivir con inflación. La tensión es visible en los rostros de las personas, generando resentimiento hacia aquellos que están mejor, hacia los adinerados. Los partidos políticos populistas y sus líderes encuentran chivos expiatorios convenientes, ya sea culpando a los judíos en la Alemania nazi o a los ingleses en la Argentina de los años 40.

En una economía en dificultades con poco dinero, es bien sabido que algunas personas, generalmente mujeres, tienden a soportar el peso, enfrentando empobrecimiento y falta de poder. Muchas recurren a medidas desesperadas como la prostitución o, más recientemente, a vender fotos y videos en Internet para llegar a fin de mes. El tejido de la sociedad se deshace bajo el peso de su moneda fallida.

Ahora volvamos nuestra atención a una economía más avanzada: la economía de Estados Unidos, una sociedad basada en la deuda. Podrías pensar que es normal que los precios de las viviendas suban un 15% al año durante años, que la gente busque hipotecas para múltiples casas y que tenga altos pagos de automóviles y muchas deudas en tarjetas de crédito. Fueron las reglas monetarias, la calidad del dinero que te rodea, las que te moldearon en esos comportamientos. Si tomara a esa misma persona promedio de EE.UU. y la colocara en Cuba, podría recurrir a la prostitución a los 14 años. De manera similar, si tomara a esa persona promedio y la colocara en la Argentina del estándar de oro a fines del siglo XIX, podría involucrarse en la construcción de ferrocarriles con un plan de 30 años.

Hay una razón por la que muchas religiones del mundo desaconsejan la deuda y los altos intereses. A lo largo de siglos de experiencia, podemos aprender lo que le sucede a las sociedades que se basan en la deuda: todo se convierte en un juego de sillas musicales. Y esto se vuelve especialmente grave cuando hay un pequeño grupo de personas controlando el espectáculo, decidiendo el precio del dinero, su cantidad, las tasas de interés—juegan a ser Dios tras una máscara de 'ayudar a los pobres' cuando en realidad están ayudándose a sí mismos.

El buen dinero, Bitcoin, nos llevará a un mundo basado en la equidad, no en la deuda. La gente ya no tendrá que perseguir latas de atún o casas para guardar su trabajo arduamente ganado para el futuro. Las casas se desmonetizarán a medida que se conviertan en una inversión y vehículo de ahorro inferior. Vivir será más asequible; habrá menos necesidad de acumular bienes reales en el dominio físico cuando puedes tener bienes raíces en la blockchain de Bitcoin— bienes raíces digitales donde no se pueden construir más unidades. Las casas serán más asequibles y todos los bienes tenderán hacia la deflación. En una economía , la volatilidad de los precios disminuye, permitiendo una planificación a largo plazo y una visión intergeneracional de la vida. Dado que tu reserva de bitcoin continuará apreciándose, estarás dejando un legado para tus nietos.

4.38 DESPIERTA NEO

Vives dentro de una Matrix. ¿Quieres saber qué es la Matrix? La Matrix es el mundo que ha sido colocado ante tus ojos para cegarte de la verdad. ¿Qué verdad, preguntas? Que eres un esclavo, Neo. Naciste en la esclavitud, destinado a convertir el trabajo de tu vida en energía para que las máquinas se alimenten.

Imagina cumplir con todas las leyes y regulaciones, pagando más del 50% de tu vida en impuestos cada vez que ganas, cada vez que consumes. Ahora añade un 2%, 20% o 200% de inflación anual para gravar tus ahorros a través del proceso de impresión de dinero, a través de la inflación. Considéralo un impuesto no legislado, por lo tanto, como ocurre en muchas constituciones, un impuesto ilegal.

Cuando consideras los impuestos y la inflación, y te das cuenta de que más de la mitad del trabajo de tu vida ha sido tomado, ¿realmente puedes considerarte una persona libre?

4.39 LOS SATS FLUIRÁN DONDE MEJOR SE LES TRATE: LA PREDICCIÓN DE UN MUNDO DIVERSIFICADO

Afortunadamente, el mundo es anárquico; tenemos una variedad de jurisdicciones, y Bitcoin es la herramienta más poderosa para protegerse de aquellos que buscan depredar el trabajo de tu vida. No debemos apoyar jurisdicciones que sean anti-libertad o anti-Bitcoin. Afortunadamente, el mundo es diverso y hay jurisdicciones donde ganar dinero, obtener satoshis, se ve de manera positiva, y donde se defiende la propiedad privada.

Durante las próximas décadas, habrá estados-nación que se opondrán a Bitcoin y estados-nación que lo abrazarán. Recomiendo apoyar lugares que valoren la libertad, donde los individuos puedan llevarse a sí mismos, su trabajo y su capital. Las jurisdicciones que abrazan el robo y el saqueo deben enfrentar las consecuencias de sus acciones. La realidad les mostrará que no se puede organizar la sociedad en torno al robo.

Las jurisdicciones que adopten Bitcoin montarán la ola positiva de la adopción y el aumento del poder adquisitivo. Veremos a países que asignen parte de sus tesorerías en Bitcoin volviéndose muy ricos, capaces de saldar su deuda nacional y mucho más. Podríamos ver un aumento en las monarquías Bitcoin, donde individuos con un poder adquisitivo significativo puedan financiar sus propias campañas políticas o apoyar a políticos que abracen Bitcoin. Esto podría llevar a una nueva era donde los Bitcoiners influyan en los paisajes políticos apoyando campañas de políticos amigables con Bitcoin.

Los Bitcoiners tendrán un lugar donde serán tratados mejor y sus sats fluirán hacia economías que respeten los valores de Bitcoin de mercados libres y propiedad privada. Ya tenemos ejemplos de esto en países como Suiza, Emiratos Árabes Unidos, El Salvador, y habrá más en el futuro.

Habrá países donde la "sed de dinero" del otro, por el control sobre el dinero, es rampante, y resistirán la adopción de Bitcoin. Estos países tendrán que enfrentar las consecuencias de sus decisiones y lidiar con el continua devaluación del dinero fiduciario.

Los países basados en fiat lucharán financieramente, mientras que los países orientados a Bitcoin se enriquecerán.

4.40 TODOS SOMOS ESPECULADORES, TODOS SOMOS DISCRIMINADORES

La mayoría de las veces, el término 'especulador' y 'discriminador' se usa de manera descalificadora. En un mundo de dinero fiduciario, de dinero creado de la nada, entiendo el prejuicio. Sin embargo, todo lo que hacemos en la vida implica especulación y discriminación. Los segundos en los que estarás vivo y experimentarás la realidad son finitos. Tú eliges, según tu juicio de la realidad, lo que es mejor para ti, aunque el futuro es incierto. Solo puedes basarte en tu experiencia previa y especular sobre el futuro. Si estás interesado en tener la mejor vida posible, discriminando entre las opciones todo el tiempo. ¿Té o café? Has discriminado contra el café y elegido el té. Podrías estar equivocado, y el resultado de tu elección podría no ser el deseado. Elegiste a María sobre Lucía, has discriminado a Lucía, especulando que serás más feliz con ella. La vida es nada más que una bifurcación continua de caminos: izquierda o derecha, A o B. Estás construyendo tu propio camino único e irrepetible.

En este libro, te invito a **tomar el control de tus decisiones**, a entender el impacto de elegir **dinero honesto** sobre dinero basado en el robo, a reconocer el **valor del trabajo**, a entender el imperativo moral de **acumular la mayor cantidad de sats posible** y a **defender los valores éticos de Bitcoin**.

4.41 ¿YA HA PARTIDO EL TREN DE LA ESTACIÓN?

Pero Ariel, ¡el precio de Bitcoin está por encima de los $60k! ¡Ahora está demasiado caro! Me hablaste de ello cuando estaba en $1k y no compré entonces, no voy a subirme al tren ahora; este tren ya ha salido de la estación, esta oportunidad ha pasado. La adopción de Bitcoin ha llegado a su punto máximo.

No, no lo ha hecho. Bitcoin es una inversión a largo plazo, requiere que adoptes una visión a largo plazo. Este es un proceso que tomará décadas, y apenas hemos comenzado.

Te interesa aprender aún más sobre Bitcoin?

*Como lector de este libro tienes acceso a un **descuento especial** en los **cursos por videollamada** que imparto.*

Visita:

arielaguilar.com/descuento

5. Lo espiritual

5.1 ¿ES MÍSTICO BITCOIN?

Aunque uso el término "místico", no pretendo disminuir la racionalidad, la realidad o el principio de que A es A. Me refiero en cambio a los aspectos de la existencia que permanecen más allá de nuestra comprensión actual, la espiritualidad, permitiendo espacio para conceptos que abarcan y superan la mera racionalidad. Así como tu perro no puede comprender la racionalidad, el lenguaje y las nociones abstractas, la humanidad misma, incluso hace 50,000 años, carecía de la capacidad para el habla, la racionalización o la comprensión numérica—habilidades que hemos desarrollado desde entonces.

Actualmente, luchamos por comprender las complejidades del nivel subatómico cuántico. De manera similar, enfrentamos desafíos para imaginar lo que está más allá del ámbito de la racionalidad y qué podría implicar un futuro dominado por la IA. Hay quienes ni siquiera se preocupan por entender Bitcoin. Sin embargo, el progreso avanza inevitablemente, y los entusiastas de Bitcoin se han situado en la vanguardia de la expansión de la conciencia, navegando el camino hacia adelante con un compromiso hacia consideraciones éticas.

> *"Porque al que tiene, se le dará más, y tendrá en abundancia; pero al que no tiene, aún lo que tiene se le será quitado."*
>
> Mateo 13:11-12, RSV.

5.2 SE NECESITA UN CIERTO NIVEL DE CONCIENCIA PARA COMPRENDER BITCOIN

No todos pueden identificarse como Bitcoiners, pero cualquiera tiene el potencial de adoptar los principios de Bitcoin. Ser un Bitcoiner implica rechazar el robo como principio organizador de la sociedad y confiar en la racionalidad y las matemáticas. No se trata de conformarse a una identidad específica, sino de alinearse con los valores fundamentales que encarna Bitcoin.

La adopción de Bitcoin ocurre en oleadas: primero, escuchas sobre él; luego, lo dudas. Posteriormente, lo experimentas de primera mano y, eventualmente, te adentras en Bitcoin y aprendes sobre él.

A lo largo de este viaje, se cometen errores y se desafían supuestos. Te adentras en la madriguera de Bitcoin, descubriendo la vasta extensión de conocimientos previamente desconocidos para ti. Es un proceso que se extiende por años, una evolución gradual que he presenciado en mí mismo y en otros. Bitcoin no solo educa, sino que también transforma. Bitcoin te cambia.

5.3 ¿DEBEMOS CONTAR LOS AÑOS DESDE EL BLOQUE GÉNESIS? EL SIGNIFICADO DE SATOSHI

Satoshi Nakamoto ha marcado un momento crucial en la historia de la humanidad. Desbloqueó el concepto de escasez digital, proporcionándonos un medio para anclar nuestra moneda a la base incorruptible de la finitud. Ha logrado traducir el potencial infinito del progreso humano en lo finito: los 21 millones. Nos ha dado un cambio en la economía: ahora no importa lo que opinen, digan o impongan los economistas.

Bitcoin es el mercado más libre que existe, el más voluntario. Es una fuerza redentora que nos libera de las cadenas de inflación y los candados que han estado en nuestros tobillos durante siglos. Bitcoin es una fuerza que desata el potencial humano e inaugura la mayor era deflacionaria en la historia: la era de la deflación de Bitcoin.

Creo que en décadas o siglos, los seres conscientes podrán apreciar el antes y el después que representa Bitcoin para la historia del mundo. Su influencia podría ser tan poderosa como la de los líderes de las principales religiones. Incluso podríamos empezar a contar los años desde antes y después del Bloque Génesis, marcando una nueva época en la civilización humana.

5.4 POR QUÉ EL BITCOIN REDEFINE LO QUE SIGNIFICA ESTAR VIVO

Estamos viviendo dentro de una Matrix. En la película "The Matrix", se define como el mundo que se pone delante de tus ojos para cegarte de la verdad: que eres un esclavo. La energía de tu vida está siendo succionada de ti, sin que siquiera te des cuenta. Esto es lo que provocan la impresión de dinero y los impuestos. Si más del 50% de todo lo que ganas son impuestos, si el 50% de todo lo que consumes son impuestos, y si la inflación reduce a la mitad tus ahorros cada año, ¿realmente eres un ser humano libre o estás pagando cerca del 80% de tributo por tu derecho a estar vivo? ¿Quién se beneficia de todo esto? ¿Realmente estás recuperando todo, o como dice el presidente argentino Javier Milei, 'filtra a través de las manos porosas de los políticos' y parte de ello, con mucho de ello, realmente se 'pierde' en el camino?

Bitcoin trae soberanía individual. Tienes acceso a un nivel de protección de la propiedad privada que ni siquiera los reyes tenían sobre sus propias tierras. Los magníficos castillos de Europa con siglos de historia. Al indagar, descubrirás cómo estos castillos fueron repetidamente conquistados por diferentes grupos. Ni siquiera los reyes podían asegurar sus tierras, entonces, ¿qué puede esperar un hombre común por su propiedad privada? No es realmente suya; está sujeta a la voluntad del gobernante, quien extrae renta del hombre común.

Este sujeto está continuamente pagando alquiler por su existencia. Será aniquilado si ahorra en la moneda nacional. Al igual que la rata en la rueda que gira, no llegará a ningún lado; todos sus esfuerzos habrán sido en vano. Así es la vida en la inflación; es una vida en *Modo Difícil*; cuanto mayor es la tasa de inflación, más difícil se vuelve sobrevivir.

Bitcoin introduce un mundo deflacionario. Lo que lo distingue es la experiencia de una vida en la que tu trabajo acumulado, tu dinero, tu Bitcoin, te otorgan un poder adquisitivo en constante aumento, indefinidamente. En una economía deflacionaria, si la producción mundial aumenta un 3% en un año, te beneficiarás de precios aproximadamente un 3% más bajos. Bitcoin se convierte en una especie de participación en la economía global. Si la economía crece un 5% al año, significa que debes ahorrar el equivalente a 20 años de gastos para estar 'fuera de la rueda de hámster'. En el extremo, si el mundo logra crecer un 10% al año, solo necesitarías ahorrar para 10 años de gastos. Todos los demás seres humanos, al despertar cada mañana para trabajar y mejorar su productividad, efectivamente se convierten en tus 'benefactores'. Sus esfuerzos te benefician independientemente de si eliges trabajar o no. El aumento en su productividad se traduce en una deflación tangible que experimentas en los precios denominados en Bitcoin. La economía Bitcoin, entendida, te hace agradecer el trabajo de los demás. Con una economía deflacionaria basada en Bitcoin, eliminando a los Bancos Centrales que roban la deflación, la vida pasa al *Modo Fácil*.

5.5 CÓMO AFECTA BITCOIN AL AMOR Y A LAS FAMILIAS

El impacto de Bitcoin en el amor y las familias va más allá de sus implicaciones financieras, tocando valores, relaciones y aspiraciones a largo plazo. Adoptar una visión a largo plazo, Bitcoin anima a los individuos a cultivar un legado duradero para sus familias. Ofrece una oportunidad única para la creación y preservación de la riqueza, fomentando un sentido de seguridad y autonomía financiera.

Además, Bitcoin alienta a ver a la familia no solo como una unidad de apoyo emocional, sino también como una asociación y un negocio. Las familias pueden tratar sus inversiones en Bitcoin como una empresa conjunta, uniendo recursos y tomando decisiones estratégicas juntas para maximizar los rendimientos y asegurar su futuro financiero.

Al adoptar Bitcoin, las familias no solo buscan acumular riqueza, sino también transmitir un legado de independencia financiera y resiliencia a las generaciones futuras. Dado que Bitcoin es un activo en apreciación, podemos comenzar a pensar de manera intergeneracional nuevamente. Bitcoin se convierte no solo en un activo, sino en un símbolo de valores como la autosuficiencia, la soberanía, la previsión y la importancia de la planificación a largo plazo en el fomento del amor, la unidad y la prosperidad dentro de las familias.

Además, como bitcoiner, es de tu interés apoyar una línea de descendencia amorosa de hijos y nietos, ya que el amor que te tengan será lo único que protegerá tu BTC y evitará que te lo roben si llegas a volverte senil en tus últimos años y dependes de su cuidado.

5.6 BITCOIN ESTÁ CREADO PARA ESTA REALIDAD

Satoshi ha desarrollado la herramienta más adecuada para la cooperación y la interacción humana con la realidad. Debemos enfrentar nuestra existencia finita, reconociendo que nuestros segundos de vida son aún más preciosos que nuestros satoshis. Existimos en un presente continuo, estrechamente ligado a nuestras acciones pasadas y moldeando nuestro futuro. Nuestras elecciones y acciones presentes tienen un impacto directo en los resultados que experimentaremos mañana. No sabemos cuántos segundos nos quedan, por lo que debemos decidir cómo hacer el mejor uso de cada uno.

También luchamos por comprender lo infinito. La realidad, tal como es, es precisamente como debe ser. En una realidad perfecta, semejante al cielo, carente de adversidades y de la finitud de la vida, no habría imperativo para la acción; esencialmente seríamos semejantes a dioses. Sin embargo, es precisamente la presencia de finitud y adversidad lo que nos brinda la oportunidad de expresar nuestros valores, individualidad, conciencia y la experiencia única de la vida. Estos aspectos hacen que nuestra existencia sea irrepetible y exclusivamente nuestra.

Solo si posees libre albedrío estás realmente vivo. Si crees en el determinismo, simplemente eres un espectador viendo una película. Si te suscribes al determinismo, ¿quién está viendo la película de tu vida y con qué propósito?

La finitud de nuestro bitcoin nos conecta con lo infinito a través del tiempo. Puedes optar por tener una parte en el pool de potencial humano. Este pool puede expandirse continuamente, pagando este "dividendo" de progreso. Obtienes autonomía, la posibilidad de elegir libremente el destino de tus satoshis. Puedes optar por servir a los demás y ganar satoshis. La cantidad de satoshis que ganes refleja el servicio que proporcionas a tus semejantes.

Bitcoin no es un barco fiat hundiéndose, drenando el trabajo de tu vida o el futuro de tus hijos. Bitcoin levanta el estandarte del trabajo como fundamento de la vida. Desde que apareció el primer ser vivo hace miles de millones de años, y como parte de sus descendientes, incluido tú mismo, el trabajo ha sido esencial para la supervivencia y la reproducción. Las células ejemplifican este principio al tomar insumos, realizar procesos y producir resultados. Si una célula genera menos resultados que insumos, resultando en un déficit, eventualmente perecerá. Las células buscan prosperar, tener un "beneficio", buscando un excedente entre insumos y resultados. Si mantienes tu derecho y deseo de seguir vivo, necesitas mantener el trabajo. El trabajo encarna la creación, es hacer algo que no estaba allí antes, transformando ideas en realidad tangible en el dominio físico.

La naturaleza estadística y probabilística de la realidad, vinculada a la conciencia, plantea una pregunta fundamental: ¿Hay algo presente en la realidad sin una conciencia que lo perciba?

5.7 BITCOIN ES HALAL - BITCOIN ES KOSHER

La razón por la que las religiones desalientan el interés y la deuda es que hemos experimentado el declive de civilizaciones cuando la sociedad se organiza en torno a la deuda, con un grupo de individuos que controla la emisión de esa deuda de la nada. Cuando se otorga el control a un grupo para decidir el precio del dinero, el precio del interés y el precio del tiempo, esto puede llevar a la inestabilidad social. Bitcoin representa un regreso a una sociedad basada en la equidad. Los préstamos en Bitcoin se vuelven realmente difíciles de obtener, con tasas de interés muy bajas, porque Bitcoin lleva consigo el potencial de crecimiento de la economía mundial. Si la economía crece y los precios se deflacionan en un 3%, y tomas un préstamo en Bitcoin al 1% de interés, estás pagando efectivamente un 4%. Las personas que actualmente tienen acceso a tasas de interés por debajo de la inflación están siendo subsidiadas por los pobres. La moneda fiat opera como un mecanismo de redistribución de los pobres a los ricos. Bitcoin permite a cualquier persona pobre que lo posea participar en el 'rendimiento' de la economía mundial. Es un igualador para todos, que no requiere conocimientos especiales: solo HODL.

En un mundo no inflado por la deuda, los precios de los activos caen. Cuando tienes dinero sólido, no necesitas usar casas, acciones y bonos como moneda. El mercado inmobiliario, el mercado de valores y el mercado de bonos actualmente llevan primas porque la gente necesita huir del dólar, el euro y el peso. Si la mitad de las casas salieran al mercado porque es más fácil mantener Bitcoin, Bitcoin habrá hecho que vivir en la Tierra sea más asequible. Con menos dinero inflado en los mercados bursátiles, hay menos burbujas y caídas, resultando en una experiencia más estabilizada.

5.8 ¿ES BITCOIN UNA NUEVA RELIGIÓN?

Visualiza esto: Un *cypherpunk* anónimo aparece de la nada en internet y publica un documento técnico que describe cómo puede funcionar un sistema de efectivo electrónico descentralizado y peer-to-peer. Tres meses después, lanza la red, mientras los titulares de los periódicos contemporáneos anuncian una crisis bancaria fiat. Chatea regularmente con los primeros usuarios en foros y correos electrónicos. Mina cientos de miles, si no millones, de Bitcoins. No usa ninguno de los bitcoins para sí mismo y desaparece, dejando el proyecto en manos de los usuarios. Renuncia a monedas por un valor superior a 25 mil millones de dólares a partir de esta escritura. Renuncia a convertirse en el hombre más rico de la historia en una economía *bitcoinizada*. ¿Lo hizo todo por nosotros, para no influir en tal economía? Entrena y educa a sus discípulos y desaparece después de dos años de trabajo. Sus seguidores comienzan a llevar su mensaje y difundir la importancia de su descubrimiento. La comunidad crece a lo largo de las décadas y los siglos.

¿Te suena familiar? Es la historia arquetípica de muchas de las religiones del mundo.

Los Bitcoiners son un tipo único de individuos. Se encuentran en la vanguardia de la innovación, no simplemente de cualquier innovación, sino de la reinvención del dinero, un concepto profundamente arraigado en nuestra existencia. Con la ética como su columna vertebral y las matemáticas como su herramienta, los Bitcoiners han optado por el camino recto, a pesar de sus desafíos, renunciando a la facilidad éticamente comprometida de las *shitcoins* fiat.

5.9 BITCOIN ES UNA CREACIÓN DE CONCIENCIA SUPERIOR

Me quito el sombrero ante Satoshi Nakamoto. Debería recibir el Premio Nobel de Economía, quizá incluso el Premio Nobel de la Paz. Un solo individuo ha orquestado esta sinfonía de tecnologías, ha establecido las reglas monetarias antes del lanzamiento y ha pulsado el botón de play. Todos sus supuestos y modelos han resultado correctos, dando lugar a la monetización más rápida de la historia, pasando de cero a más de un billón de dólares en doce años. Armonizó código, matemáticas, criptografía, teoría de juegos, incentivos, economía e historia monetaria en una ecuación cohesiva de finitud. Satoshi nos ha otorgado una herramienta para asegurar lo infinito a través de lo finito.

5.10 LA IMPORTANCIA DEL PROPÓSITO DE VIDA Y LA AUTOESTIMA

"Bitcoin es una herramienta para lograr tus objetivos en la Tierra."

La vida es sinónima de trabajo. Desde la aparición del primer organismo vivo hace miles de millones de años hasta el presente, la esencia de la vida reside en resistir la muerte. Cada célula en tu cuerpo trabaja incansablemente. Una célula recibe entradas, realiza tareas y genera salidas, idealmente resultando en un excedente o ganancia. Sin embargo, períodos prolongados de déficit inevitablemente conducen a la quiebra.

Debes elegir vivir. Debes esforzarte activamente para mantener a la muerte a raya. Debes superar la adversidad. La danza de la vida es una danza con la adversidad. Demasiada dificultad y corres el riesgo de perecer; demasiado poco, y te estancas, regresando en lugar de progresar.

Eventualmente, todos sucumbiremos a esta batalla inevitable, pero persistimos en jugarla de todos modos. Es nuestra única posibilidad de experimentar algo antes de enfrentar el vacío.

Debes afirmar que tu vida vale la pena, que vale la pena luchar por ella. Debes valorarte a ti mismo y seleccionar los principios que guiarán tu vida. Nadie más puede hacerlo por ti. Nadie más puede vivir por ti.

Bitcoin es una herramienta que sostiene la vida. Nadie puede obligarte a usarla; la elección es tuya.

5.11 PROFECÍA BITCOIN

'Podría tener sentido comprar un poco por si se pone de moda. Si un número suficiente de personas piensa lo mismo, se convierte en una profecía autocumplida.'

—Satoshi Nakamoto

Bitcoin gana.

Su adopción generalizada se desarrollará a lo largo de décadas, marcando una transformación en la conciencia humana. Adoptar esta mejora y fomentar una comprensión más profunda de esta nueva cultura requerirá tiempo y trabajo. Exige dedicación y empatía.

Quienes inviertan el esfuerzo cosecharán las recompensas.

Bitcoin continuará experimentando volatilidad, subidas y bajadas, y estas fluctuaciones se suavizarán gradualmente a medida que Bitcoin avance hacia la dominancia del mercado monetario global. Se espera que Bitcoin siga experimentando volatilidad, sin embargo, es notable que la volatilidad de los precios de Bitcoin está disminuyendo gradualmente con el tiempo, en paralelo a su creciente adopción.

Bitcoin nos traerá:

Precios de mercado libres

Una verdadera economía deflacionaria

Tasas de interés reales y libres de coerción

Dinero para humanos e inteligencia artificial

La desmonetización de bienes raíces, mercados bursátiles y bonos

Más individuos soberanos y una mayor descentralización de gobiernos y políticas

Más paz y honestidad en el comercio, menos robo

Un cambio en nuestro comportamiento hacia una civilización más pacífica, industriosa y con una visión a largo plazo

Bitcoin acelerará el progreso humano

5.12 BITCOIN ES LA SINGULARIDAD

Bitcoin marca un antes y un después en la historia del mundo. Representa el descubrimiento que separa las eras inflacionaria y deflacionaria—entre la era del robo, el consumo de energía a distancia y la brutalidad económica, por un lado, y un renacimiento de la civilización caracterizado por la multiplicación de la equidad y la creación de riqueza sin precedentes como nunca antes se había visto, por el otro. Anuncia la era del dinero para las IA.

Bitcoin altera las reglas del juego, simbolizando un cambio fundamental en la esencia misma de la existencia—el mismo significado de *estar vivo*.

Bitcoin te cambia.

5.13 EL DECÁLOGO

Debes trabajar

Debes prosperar

No iniciarás el uso de la fuerza, solo usarás la fuerza en defensa propia

No robarás

No participarás en shitcoins

Defenderás el proof of work y los valores de Bitcoin

Deberás consumir la comida más nutritiva que puedas obtener

Entrarás al mercado con manos amigas

Ayudarás a aquellos ansiosos por aprender más sobre Bitcoin

Buscarás niveles más altos de conciencia y civilización

Acerca del autor

UN HOMBRE EN BUSCA DE BITCOIN

Parece que he estado buscando a Bitcoin toda mi vida. Durante mi juventud, experimenté una década de casi cero inflación y prosperidad económica. Ganar dinero en la Argentina de los años 90 era bastante sencillo; obtener una hipoteca o un automóvil era relativamente fácil. Nos referíamos a esta era como "La fiesta menemista", una gran celebración donde todo parecía alegre y próspero, o al menos así lo parecía.

Luego llegó la crisis de 2001. Dejó una marca indeleble en mi memoria. Los disturbios, saqueos y la pérdida de los ahorros de toda una vida son eventos que nunca podré olvidar. Se declaró la ley marcial, se suspendieron los derechos constitucionales y decenas de personas perdieron la vida en un solo día. Me quedó claro que la causa raíz estaba en las políticas económicas defectuosas.

¿Cuáles eran las buenas ideas económicas en ese entonces? Emprendí una búsqueda para descubrir los principios de una economía sólida. Me sumergí en la literatura sobre economía, filosofía e historia, buscando respuestas y comprensión.

Encontré consuelo en el oro y la plata como las únicas alternativas a las monedas fiat en ese momento. No parecía haber otras opciones viables.

Y luego llegó Satoshi, con una idea revolucionaria que transformaría el paisaje de las finanzas para siempre.

Satoshi, gracias por allanar el camino para este emocionante viaje de adopción de Bitcoin.

LOS VIAJES DE BITCOINETA EN LA UE

La Bitcoineta UE

Las Bitcoinetas son una serie de camiones/furgonetas Bitcoin que comenzaron a viajar por América Latina, visitando ciudades más pequeñas para educar sobre Bitcoin y difundir su mensaje. La Bitcoineta inaugural surgió en Argentina en 2018, y estoy agradecido de haber sido uno de sus conductores, cubriendo extensos kilómetros a través de Argentina, Uruguay y las regiones del sur de Brasil.

En 2021, se presentó la Bitcoineta El Salvador Beach Edition como regalo a la gente de El Zonte. Posteriormente, en 2022, se lanzó la Bitcoineta sudafricana para dar servicio a la comunidad Bitcoin Ekasi.

En 2023, presentamos la Edición Europea en colaboración con Fernando Pergolini. Nuestro viaje partió de Barcelona el 5 de mayo y recorrió numerosas ciudades de la Península Ibérica: Cambrils, Valencia, Alicante, Almería, Murcia, Granada, Málaga, Marbella, Gibraltar, Sevilla, Cádiz, Lagos/Portimao, Lisboa, Oporto y Madrid. Desde allí, nos aventuramos a Andorra, Suiza, Liechtenstein, Munich, Praga y Oslo. El lanzamiento oficial de nuestra gira tuvo lugar en la conferencia BTCP Praga, un momento que guardamos con eterna gratitud.

Allí tuvimos el honor de contar con el primer fichaje dentro de nuestra furgoneta, ¡nada menos que el mismísimo Michael Saylor!

Michael Saylor en la UE Bitcoineta, Praga

Su presencia provocó un montón de memes en los medios de comunicación. Posteriormente, luminarias como Saifedean Ammous,

Adam Back, Samson Mow e incluso el Príncipe Felipe de Serbia, entre otros, siguieron su ejemplo.

Después del Oslo Freedom Forum, emprendimos un viaje que nos llevó hasta Bucarest, Rumania, una travesía de tres días de conducción continua. Desde Rumania, nuestro camino nos llevó a Serbia antes de regresar a Suiza para la Escuela del Plan B Forum. Después de eso, nos aventuramos a Bulgaria y luego a Estambul, Turquía, donde el BitcoinetaEU cruzó a Asia antes de regresar a Bulgaria. Nuestra ruta luego nos llevó a través de Macedonia del Norte, Montenegro, Bosnia y nuevamente a Serbia.

Desde allí, continuamos hacia Polonia y Letonia para la conferencia Riga Baltic Honey Badger. Después de Riga, nuestra furgoneta atravesó Varsovia, Berlín y Bruselas. Hicimos una parada en el Reino Unido antes de regresar a España, concluyendo la gira de 2023 en Lugano, Suiza, en la conferencia del Plan B Forum.

¡Actualmente hay seis Bitcoinetas en el mundo, y pronto habrá más!

Próximamente las realizaremos en Ghana y África Occidental. Esta gira inicial ha servido para conectar con comunidades locales de toda Europa, fomentando entre ellas un conocimiento más profundo de Bitcoin.

LA LLAMADA A EVANGELIZAR

Bitcoin no tiene dueño. No hay ninguna empresa detrás, gobierno o fundación que lo controle. Carece de un equipo de marketing o un líder que dicte su trayectoria o estrategias de promoción. Bitcoin es una tecnología descentralizada. Por lo tanto, corresponde a los *bitcoiners*, defenderla, promoverla y abogar por ella. Para mí, Bitcoin es algo más que una moneda; encarna un conjunto de creencias fundamentales: *la creencia en la propiedad privada, el dinero finito, el dinero neutral, el dinero no censurable y la abstención del robo*. Comprender la naturaleza polifacética de Bitcoin requiere un cierto *nivel de conciencia*. A medida que Bitcoin gana aceptación, es crucial preservar este ethos, la esencia misma que lo hizo excepcional desde el principio.

Evangelizar, en su esencia, significa **'llevar la buena nueva'**. Me llena de alegría haber tenido la oportunidad de compartir mi buena nueva contigo. Te animo a seguir difundiendo el mensaje, agregando tu propia perspectiva única en el proceso.

—Ariel

*Como lector de este libro tienes acceso a un **descuento especial** en los **cursos por videollamada** que imparto. Te espero para aprender más sobre bitcoin.*
Visita:

arielaguilar.com/es/descuento

Agradecimientos

Quiero agradecer a todas las personas, instituciones y empresas que han apoyado y continúan apoyando los viajes de BitcoinetaEU, así como a todos aquellos que ayudaron con ideas, inspiración, la revisión del libro, ayudándome a aclarar lo que me equivoqué sobre los detalles más sutiles de Bitcoin y los errores gramaticales y de estilo, ya que el inglés no es mi lengua materna.

Un agradecimiento especial a los tres OGs argentinos que patrocinaron la gira de BitcoinetaEU 2023, a mi compatriota Fernando Pergolini por decidir comprar una furgoneta Sprinter casi inmediatamente después de escuchar sobre Bitcoineta y convertirse en un compañero de equipo que condujo la furgoneta durante meses. A Luca Esposito por ser el primer revisor y empujarme hacia lo místico y las fronteras del pensamiento cuántico. A Oleg Mikhalsky por su apoyo durante la escuela de verano de Plan B en Lugano y el Plan B Forum. A Matyas Kuchar por hacernos parte de BTCPrague y ayudarnos a lanzar oficialmente la gira en la conferencia de 2023. A mi hermano Alberto, quien me ayudó a editar este libro durante meses y aportó la perspectiva de alguien que está dando sus primeros pasos en Bitcoin. A Chris Guida por su inspiración y conocimiento sobre la red Lightning. A todos los autores y podcasters de Bitcoin que inspiraron las ideas para este libro, entre ellos: Saifedean Ammous, Knut Svanholm, Lunaticoin, Alvaro D Maria, John Vallis, Der Gigi, Max Keiser, Robert Breedlove y Michael Saylor..

Quiero agradecer a mi padre por hacerme bitcoiner incluso antes de que se descubriera Bitcoin y a mi madre por empujarme a asistir a una de las mejores universidades de Argentina.

Y por último, gracias Satoshi, por cambiar el curso de la historia.

Lectura recomendada

La rebelión de Atlas por Ayn Rand

El estándar Bitcoin por Saifedean Ammous

El estándar Fiat por Saifedean Ammous

Yo, el lápiz por Leonard E. Read

Nación Dopamina por Anna Lembke

La meta por Eliyahu Goldratt

En ingles:

Principles of economics por Saifedean Ammous

Everything divided by 21 Million por Knut Svanholm

The philosophy of Bitcoin por Alvaro D. Maria

Thou shall prosper por Daniel Lapin

The Sovereign Individual por James Dale Davidson & Lord William Rees-Mogg

The singularity is near por Ray Kurzweil

How I found freedom in an unfree world por Harry Browne

The Rational Optimist por Matt Ridley

Economics in one lesson por Henry Hazlitt

The fifth discipline por Peter Senge

Créditos de imágenes

Las siguientes imágenes son de especímenes de billetes y no tienen valor monetario. Se incluyen en este libro únicamente con fines ilustrativos y educativos:

Image Page 12 Peso Moneda Corriente URL: es.wikipedia.org/wiki/Peso_Moneda_Corriente

Image Page 13 Peso Moneda Nacional URL: es.wikipedia.org/wiki/Peso_Moneda_Nacional

Image Page 14 Peso Ley 18.188 URL: es.wikipedia.org/wiki/Peso_Ley_18.188

Image Page 15 Peso Argentino URL: billetesargentinos.com.ar

Image Page 16 Austral URL: billetesargentinos.com.ar

Image Page 17 Peso convertible 1 URL: billetesargentinos.com.ar

Images Pages 18, 19 Peso 2002-today URL: billetesargentinos.com.ar

Image Page 124: 'The Mandelbröt set'. Author Wolfgang Beyer, with the program Ultra Fractal 3. URL: https://es.m.wikipedia.org/wiki/Archivo:Mandel_zoom_00_mandelbrot_set.jpg

Image Page 136: FIAT UNO 2005 Author N.d URL: https://es.m.wikipedia.org/wiki/Fiat_Uno

Image Page 139: ∞/21M by Knut Svanholm

Image Pages 188, 189, by the author

Para futuras referencias, el precio inicial de este libro en junio de 2024 era de 25 euros ó 46.275 satoshis.

Te interesa aprender más sobre Bitcoin?

*Como lector de este libro tienes acceso a un **descuento especial** en los **cursos por videollamada** que imparto.*

Visita:

arielaguilar.com/es/descuento

Sígueme en:

X: @arielaguilar   arielaguilar.com

ISBN 979-834-24-2260-4 (Tapa Rústica)
ISBN 979-834-28-2238-1 (Tapa Dura)

Copyright © 2024 by Ariel A. Aguilar. Todos los derechos reservados.

Made in the USA
Middletown, DE
14 February 2025